辞書から消えたことわざ

時田昌瑞

角川文庫
20813

はじめに

ことわざは絶妙なる譬《たと》えを有する面白おかしい〝庶民哲学〟である、といったら首を傾げられるであろうか。誰でもがふだん口にすることわざ如《ごと》きものを、高邁《こうまい》な哲学と一緒にするなんて、そんな滅相な！　とみられるのが落ちだろう。なぜなら、ことわざは、せいぜい社会を生きていくための世渡り術とか、処世訓とみるのが普通だからだ。

だが、ことわざが言っている中身は社会生活や人間の有りようなどを主に森羅万象に及んでいる。庶民の哲学とみなすのは、一つひとつのことわざを口にしたのは無数ともいえる名もなき庶民であり、彼らの多種多様な思い・気持ち・考え・批評・認識などの結晶がことわざに表現されていると考えられるからだ。

日本には古代から現代まで五万以上のことわざがあることがわかっている。そして、世界の国々にもある。世界の言語の数は三千とも五千ともいわれ、そのほとんどの言語にことわざがあると推測されている。事実、ドイツには二十五万を収録する辞典もあることから推測すれば、世界のことわざの総数は計り知れないといえる。

私のことわざへの関わりは三十年を超える。この間、新旧のことわざに着目した『岩波ことわざ辞典』、四千を超えることわざの絵の図版を解説する『図説ことわざ事典』、四百余の句と七百余のカラーのカルタ絵を収載する『岩波いろはカルタ辞典』などの辞典類や単行本などを手がけてきた。

他方、出版物とは別に古代の文献から現代の新聞などに至る資料の中からことわざが使われている用例を拾いだす作業も続けている。この作業を〈ことわざ拾いの旅〉と名付け、種々の資料の中にあることわざとの出会いを楽しみに勤《いそ》しんできている。

この旅で拾い上げたことわざの数は、きちんと数えたことはないが、十万くらいはあるだろうか。蛇足だが、全国各地の神社仏閣などを主にことわざが絵や物品などに視覚化されたものを探し廻《めぐ》る旅もしており、こちらも〈ことわざ巡りの旅〉として現在も進行中だ。さらに、骨董市《こっとういち》などでことわざ関連の種々のグッズなどを収集する〈ことわざ道楽〉にも浸って、勝手に面白がっている。

ことわざに関する辞典は日本だけでも何百もあるし、四万を超える語句を収載したものもあるので、その全容は明らかなようにみえる。だが、実際はどれにも載っていないことわざも少なからずあり、その数は優に数千に及ぶとみている。

本書は、主にことわざ拾いの旅の成果に基づき、種々の文献に埋《うず》もれたまま忘れ去られているると思われることわざを掘り起こし、その中から選《よ》りすぐったものや、ことわざと認知されているものの現代人の目に触れる度合いの少ない句を約二百紹介するもの。

選定の基準としたものは、例えば「花の下より鼻の下」「うどん蕎麦よりかかの傍《そば》」「仏ほっとけ神かまうな」などのように、ことわざの生命線と考える文句の響きのよさと、表現の技巧を第一の柱にした。

第二の柱としたのは、「這《は》っても黒豆」「耳取って尻拭う」「心太《ところてん》の幽霊をこんにゃくの馬に乗せる」のように奇抜な譬えやユニークな着想をまとった、言い回しが面白いものに定めた。

さらに第三の柱として、空海《くうかい》・道元《どうげん》・日蓮《にちれん》・蓮如《れんにょ》・吉田松陰《よしだしょういん》・坂本龍馬《さかもとりょうま》・福沢諭吉《ふくざわゆきち》・新《に》渡戸《とべ》稲造《いなぞう》など歴史的に活躍した人物の著作や、井原西鶴《いはらさいかく》・近松門左衛門《ちかまつもんざえもん》・平賀源内《ひらがげんない》・滝沢《たきざわ》馬琴《ばきん》・式亭三馬《しきていさんば》・鶴屋南北《つるやなんぼく》・森鷗外《もりおうがい》・夏目漱石《なつめそうせき》・尾崎紅葉《おざきこうよう》・幸田露伴《こうだろはん》・斎藤緑雨《さいとうりょくう》などの文芸作品類の中から注目に値する語句にスポットを当てたこと。焼物や染織物などの作品になぞらえれば、さながら〈ことわざ名品選集〉とでも呼べようか。

ことわざは一字一句も変化しない固定した言い回しが伝承されるとの見方もあるが、実際は大違いで、多くは長い年月のうちに語句が短くなったり、反対に長くなったり、意味が変わるものがでたり、微妙に異なるバリエーションを派生したり、死滅して別のことわざに取って代わられたりしてきたのがことわざという歴史の断面でもあった。

ただ、そうしたことわざの歴史の中にも、なぜか理由はわからぬまま忘れられた珠玉のようなことわざも存在したのであり、それが本書の陣容となる語句とみている。従って、ここに取り上げた語句は、是非とも後世に伝え遺《のこ》したいものばかりと言いたいのだが、いくら名品でも遠い昔のものも少なくないので、そのまま現代に当てはめられないものもある。

では、どうするか。何よりも、まずはことわざを声にだして読み、表現や語感を味わいながら鑑賞していただきたい。心に入ってくるものがあれば、そっくり自然に記憶されるか、一部が留《とど》まるだろう。これが本書が果たす〈使命〉だと考えている。

あとは、現実の中での応用だ。幼い子供が身近な人の言葉を真似て成長していくように、真似ることが新たな創造に繋《つな》がると考えるからだ。

最後にお断りしておきたいのは、タイトルに『辞書から消えたことわざ』としてあるが、実際は使用頻度はごく少ないものの、現在も生きて使われていることわざが混じっていること。選んだすべての句が、現代人にとって、まったく馴染《なじ》みもなく難解なものばかりでは、親しみを持てまいと懸念したからであり、何よりもことわざが庶民、大衆の文化であることの空気感を大事にしたいと考えたからだ。

なお、本書には多数の文献から用例を引用しているが、現代では読みにくくなったものなどは、多少読みやすくしたことをお断りする。

目次

第一章　人生を導く教訓

第一章では、人生への教訓が示されているものをあつめた。古くは鎌倉《かまくら》時代の書物に出典がみられるものから、新しいところでは明治期のものまでを載せている。

日本は鎌倉期から武家社会に入った。このころから武士を中心にして、いかに身を立てるかに関心が寄せられたのではないか。また、新興の鎌倉仏教が市井の人々に人生の道を照らす役目を果たした形跡も窺《うかが》える。知識人や仏門の師が残した文献に、多くのことわざがみてとれるものだ。他に、中国古典に端を発することわざも含まれている。

いずれも、古《いにしえ》の先達からの贈り物であるが、現代においては大半は耳目にすることがないものばかりとなっている。大部なことわざ辞典にも掲載されていないものも多くあり、惜しい限りである。

疾風勁草《しっぷうけいそう》を知る

激しい風にさらされることによって、はじめて強い草であることがわかるというもの。人間も同様で、逆境に遭遇してその人が乗り越える力を備えているか否かがわかるというもの。中国の古典に基づくものながら、なぜか、江戸《えど》期のことわざ集の類にはみられない。

江戸時代の日本で用いられた例では、幕末の思想家・吉田松陰の『戊午《ぼご》幽室文稿《ゆうしつぶんこう》』で安政《あんせい》五年（一八五八）十二月二十一日の「諸同志に告ぐ」で用いられている。引用すれば、「十二月二十日、江戸の報を獲《う》、云はく、『本月朔日《ついたち》将軍宣下《せんげ》（天皇の命令を伝える公文書を公布すること）の事竣《おわ》る』と。果して然《しか》らば則《すなわ》ち天下勤王の士、志気一旦にして阻喪《そそう》せん。嗚呼、疾風勁草を知るとは正に是の時なり」とある。

当時は幕府が独断で列強との間に不平等条約を締結して揺れていた時代。それを批判した松陰はこの十二月に幽囚される。人間の真価は平穏無事な時には現れにくい。国が危殆《きたい》に瀕《ひん》した時や、大災害で打ちのめされたような逆境にあってこそ、その人の真の強さが判明するというわけだ。

大象《だいぞう》兎径《とけい》に遊ばず

大人物を象になぞらえて、そうした人物はつまらぬ地位や、ちっぽけなことなどにとらわれないということ。「兎径」とは、ウサギが遊ぶような道。文字通りに解すれば、象はウサギが動きまわるようなところで生きてはいないはずだから、ここの言い回しは、いわば当たり前のことを言っていることになる。この場合、強くて大きな象に対して、弱くて小さなウサギを対比して、大の象に小のウサギを組み合わせる意外性を味わうことにことわざの面白みがあるのではなかろうか。

見出しの句が登場する早い時期の例としては、鎌倉時代に著された道元の『正法眼蔵《しょうぼうげんぞう》』(第七十二)があり、仏書を引用する形で用いられている。そこでは、この句に続いて、「燕雀安《えんじゃくいず》くんぞ鴻鵠《こうこく》を知らん」という譬《たと》えの異なる同義のことわざが使われている。こちらの「燕雀」は小鳥で「鴻鵠」は大きな鳥。なお、この句は少し言い換えられて「燕雀何ぞ大鵬《たいほう》の志を知らんや」とも表現され、広く親しまれている。類句も、江戸時代に「大魚は小池《しょうち》にすまず」というわかりやすいものがある。

踏まれた草にも花は咲く

　この句は、「韓信《かんしん》の股をくぐるも時世と時節、踏まれた草にも花は咲く」とする俗謡の一節に基づいたもの。虐《しいた》げられ、今、逆境にある者でも、いつかはいい時がやってくるから頑張ろうよとの意。韓信は中国の前漢《ぜんかん》時代の武将で天下統一に寄与した人物。若い時に無頼者に辱《はずかし》めをうけたが、屈辱に耐え、後に大人物になった故事で知られる。それでは踏まれても花を咲かせる植物とは何か。これは、人が往き来する道端に生える草の類《たぐい》であり、人目に付く花となるとタンポポとなろう。戦前に、この句の絵としてタンポポを描いた作品があった。その内の一つはいろはカルタの一種で雑誌『婦女界』の付録になっていた（下図参照）。

　ごく一部のことわざ辞典を除いては収録されていない馴染《なじ》みの薄い句なのだが、テレビドラマ『3年B組金八先生』（二〇〇一年・上戸《うえと》彩《あや》らの出演作）では、金八先生が国語の授業でこのことわざを紹介し、逆境にある生徒を励ます言葉となって一部で注目された。いわば、人を鼓舞する励ましの

ことわざの代表格といえるだろうか。

どじょうを殺して鶴を養う

鶴を育てるために餌としてどじょうを与えてやるというもの。一見すると、何の変哲もないことにみえるが、見方を変えれば、鶴の餌になるためにどじょうはたしかに殺される。しかしながら、どじょうを餌に鶴を養うと言い換えたのでは、ごく自然なことになってしまい、ことわざにならなくなる。ここでは、片方が他方のために犠牲になるという意味合いが明示されている必要があるのだ。

この句は西洋文明を導入し文明開化を推進した福沢諭吉『文明論之《の》概略』（巻一）の第一章の冒頭近くで用いられている。該当箇所は「日本国と諸藩とを対すれば、日本国は重し、諸藩は軽し、藩を廃するは猶《なお》腹の背に替へられざるが如く、大名藩士の禄を奪ふは鰌《どじょう》を殺して鶴を養ふが如し」とある。つまり、日本（＝鶴）を創りあげていくためには諸藩（＝どじょう）は犠牲にしなければならないと考えられたのだ。ことわざとしては他に例がないので、類義の「小の虫を殺して大の虫を生かす」を言い換えた福沢の創作か、西洋のことわざではないかと思われる。

腹は立て損、喧嘩《けんか》は仕損

腹を立てたり、喧嘩をするのは、その人にとってマイナスばかりで、すべきではないということ。腹は立てても何の得にもならず、反対に損になるし、喧嘩をしても傷ついたり傷を負わせたりで結局のところ損害になる――この句を平叙文に言い換えると、たぶん、こんな文になるだろう。ことわざの五倍以上の長さだ。

ことわざのことわざたる所以《ゆえん》は語句の短さと言い回しの技巧にあるといえる。ここに施された技巧は、まず、立腹と喧嘩という異なる二つの事柄を対句の形式に仕立て、両者に共通する損害を同じ単語で重ねて語呂《ごろ》合わせに表現してある点だろう。つまり、同音が繰り返されて語句にリズムが生まれる。その上、それぞれの句が体言止めにされることによって、聞く者に強く響くようになるというわけだ。ことわざの技法の一つである体言止めと同音の繰り返しを駆使してあるのが「日暈《ひがさ》雨傘《あまがさ》月暈《つきがさ》日傘《ひがさ》」ということわざだ。太陽に暈がかかると雨傘がいり、月に暈がかかれば日傘が必要になるということ。何と「がさ」の音を四回も繰り返している。

誠の道に幸《さち》歩く

ここの誠は、偽りや飾り気のない人の心持のことであり、誠意ともいえるものだ。このような誠で敷き詰められた道には、幸いが同伴してくれるというのが、この句の意だ。他人に誠意を尽していれば、その人に幸がやってくるというものだから、誠を強く推奨することわざといえる。一見すると耳目を惹《ひ》くような単語や言い回しがなく、平凡に感じるが、従来のことわざ辞典にはみられない珍しい句。この句は、明治時代の宮崎湖処子《みやざきこしょし》『帰省』（第三）にあり、意味の重なる「善樹《よきき》は善実《よき》を結ぶ」と「蒔かぬ種は生えぬ」に繋《つな》げて用いられている。

悪行に対しては悪の報いがあり、善行には善なる施しがあるとの考えは古くからある。この手のことわざでは、現代は、やや耳遠くなっているが、「積善《せきぜん》の家には必ず余慶《よけい》あり」との句が知られる。積善とは善行を積むことで、余慶とは思いがけない喜び。中国の古典に発し、日本でも鎌倉時代以降、軍記物など随所で用いられていた。

丸くとも一角《ひとかど》あれや人心《ひとごころ》

温厚で円満な性格の人は他人との良好な人間関係を築ける。ただ、それも過度となれば相手に迎合することになったり、単なるお人好しとみられ、軽んじられもしよう。円満な中にも気骨が少しあるのが望ましいというものだ。「丸くても少し角あれ」ともいった。

見出しの句は、江戸時代の庶民教育といえる心学の書『雨やどり』（七）に「丸くともひとかどあれや人心、あまり丸きは転びやすきに」との古歌として引用されているものの上の句。古歌にある、円満過ぎると失敗に繋がるとの欠陥をいっている部分が削られて、五七五の句に仕立てられている。この句は「丸」と「角」の反意語を組み合わせる技巧がみてとれ、そこにことわざらしさが窺われる。

心学は神・儒・仏の三教を融合して易しく教えを説いたもので、ことわざがよく使われていた。おそらく、心学にとってことわざは便利なツールであったのであろう。

憤怒は最も悪い助言者

怒りに対する評判は、ことわざの世界では甚だしく悪い。「怒りは敵と思え」はかの徳《とく》川《がわ》家康《いえやす》の残した言葉。有名な「鳴かぬなら鳴くまで待とうホトトギス」の句でもわかるように忍耐が肝要だとするもので、家康にとって、その対極に位置する怒りは敵という存在となる。西洋の宗教での扱いも何とも厳しい。旧約聖書の伝道の書第七章には「汝《なんじ》気を急《はや》くして怒るなかれ、怒りは愚かなる者の胸に宿るなり」とある。何と、怒りは愚か者が抱くものだと聖書はみているわけだ。その他、「怒りは逆徳なり、兵は凶器なり」というのが中国の古典にみられる。逆徳とは、道徳にはずれたものの意。これまた激烈で凶器の兵隊と同じ扱いになっているのだ。

怒りの単語が使われたことわざは少なくないが、憤怒となると大変珍しい。見出しの句には「助言者」との単語もあり、憤怒ともどもことわざでは珍しいものなので、西洋のことわざを翻訳したものなのかも知れない。これは有島生馬《ありしまいくま》『死ぬほど』（九）に「憤怒は最も悪い助言者と云ふが、それどころではない、最上の助言者だ」と用いられている。

富士山《ふじさん》ほど願えば桃の実ほど得る

望みや願いはなかなか叶《かな》わないとの譬え。大きな望みを富士山に、叶う小さな願いを桃の実になぞらえるものだが、対比の大小に差が大きく、意外性があれば、それだけ与えるインパクトが強くなる。この手のことわざでは、大きい方は富士山と決まっていて不動。対する小さい方は色々ある。江戸時代からいわれるものには、桃の実の他にすり鉢や蟻塚がある。蟻塚は蟻が巣を作るために地中の土を掘りだして地表に積み上げたこんもりした小さな塊り。日本には高さ五十センチになるものがあり、海外にいくと豪州には象ほどの大きなものがあるというが、それでも富士山に比べられるものではない。形状に共通点があるものでは、すり鉢とするものがある。すり鉢を逆さにすれば小さな山の形になるから意外性のある対比の妙となる。植物ではケシが小さいものの代表。ケシの実は一ミリの半分にも満たない極小のものだから、大小の差には一番向いている。そこにいくと桃が意味するところがわからない。憶測だが、形状が小さな山にもみえることが関係しているのであろうか。

蓮《はす》の糸で曼荼羅《まんだら》を織る

曼荼羅といっても色々あるが、ここでは仏・菩薩《ぼさつ》の悟りの境地を描いた図としておく。日本で知られているものでは、中心に大日如来《だいにちにょらい》が鎮座し、周囲に諸仏や菩薩などが整然と配置された構図のものなどで、絵画や絹織物になっている。ただし、ここでは蓮の糸で織る物だという。蓮の糸というのは、蓮の葉や茎にある細い繊維で普通は織物にはしない。この句は江戸後期の滑稽本《こっけいぼん》『浮世名所図会』(下巻)で「自然の功は造化にひとし。もし心を用れば藕《はす》の糸でまんだらを織り、膝頭で富士へ登りしためしもあれば、管見《かんけん》を用て論ずべからず」と用いられている。一見すると無理にみえることでも、心血を注いでやれば可能になる意として使われている句だ。

蓮の糸も曼荼羅もことわざで使われるのは珍しい。無理なことの譬えで「蓮の糸で大石を釣る」という句とか、江戸時代に売買すると高価なものとして「一に曼荼羅、二に正宗、三に与力の明け渡し」という句があげられる程度だ。二は刀で、三は与力職の株のこと。

水清ければ月の影を映す

澄んだ水面《みなも》には月の影はみえるが、濁った水では影は映らない。水面を人の心になぞらえたことわざで、心が清らかな人には神仏の加護があるという譬え。人をだましたり、邪《よこしま》な心を抱かぬ人は神さまや仏さまがお護《まも》りくださるというもの。仏書に由来する古い言葉だが、日本では仏の教えを易しく説いた江戸中期の法語《ほうご》集『慈雲《じうん》短篇法語』で用いられている。神仏に帰依《きえ》し、正直とか、純真さなどをまっとうに評価する「正直の頭《こうべ》に神宿る」と同類のことわざといえる。ただ、見出しの句には神仏などの用語や抽象的・観念的な語句は一切なく、具体的でイメージを伴う言い回しになっているので、よりいっそうことわざらしさが増しているようだ。

更にことわざらしさが増したものが「水清ければ月宿る」。まず、「月の影を映す」の部分が「月宿る」と四音も短くなった。その上、短縮した言い換えで口調もよくなった。こちらも江戸期から平賀源内『前太平記古跡鑑《こせきかがみ》』（七）で用いられている。

無欲は後生《ごしょう》の薬

仏教思想が濃厚に滲《にじ》みでていることわざ。「後生」は来世とか、死後に極楽に生まれ変わること。人が死んだ後、極楽で生まれ過ごすための対処法をいっている。その際、もっとも有効な特効薬といえるのが無欲という名の薬なのだという。この句は、鎌倉幕府の執権・北条義時《ほうじょうよしとき》の子・北条重時《しげとき》の家訓書『北条重時家訓』(九十九)にある。渡世の処世術として正直を奨励する箇所に「正直の心は無欲なり。無欲は後生の薬なり」とでてくる。この書は当時の武家思想が窺える格好のものと評価されているが、武家思想を知る史料というばかりでなく、実は鎌倉時代の生きたことわざ史料として最上級のものと考えられるのだ。以下のことわざは同書にみられるもので、従来までのことわざの初出時期を鎌倉時代にまで引き上げた主なものだ。スペースの都合で意味は省略して列記する。「一寸の虫にも五分の魂」「車の両輪」「袖の振り合わせも多生の契り(縁)」「身をつみて人の痛さを知る」「人は死して名をとどむ、虎は死して皮をとどむ」「年老い衰えぬれば児《ちご》に二たびなる」「湯を沸かして水にする」

人至って清ければ内《うち》に伴う友なし

欠点のない人間はないといわれる。見方や価値観によるところもあるはずだが、だれでも、本人が意識しようがしまいが大なり小なりの欠点があるとみられる。極言すると、欠点がないのが欠点だ、なんて言われ方さえある。

中国の古典には「水清ければ魚棲《す》まず、人至って賢ければ友なし」とある。水が澄んできれい過ぎると隠れるところがないので、魚が棲まず、人間もあまりに明察過ぎると周りから疎まれ、友人がいなくなるというもの。たしかに、水が澄み過ぎるくらい透明度が高ければ、外敵の餌食《えじき》になりやすかろう。人間にしても、極度に清廉潔白であり、微細な誤りも許さないような厳格な人であると、寛容さやおおらかさを感じられないので、相手にとっては気疲れとなり、居心地がよくないかも知れない。見出しの句は、江戸初期の仮名草子『可笑記《かしょうき》』（巻二）に「水至って清ければ、そこにすむ魚なし」に続けて用いられているように中国の古典を少し言い換えた形のもののようだ。

内《うち》は犬の皮、外は虎の皮

江戸中期の鍋島《なべしま》藩藩士・山本常朝《じょうちょう》が著した『葉隠《はがくれ》』は、「武士道というは、死ぬ事と見付たり」の表現が有名だが、武士の修養を説いた書。その書付けの一つ（六十）に「一、士は食はねども空楊枝《からようじ》、内は犬の皮、外は虎の皮」とある。前半では、上方系のいろはカルタにある「武士は食わねど高楊枝」と同等の句で、武士というものは食事を摂《と》っていなくとも食べたように楊枝を使って体面を保たなければならないとし、後半で家の中は粗末でも外観は立派にしなさいということを述べているものだ。

「内は犬の皮、外は虎の皮」との言い回しは、『葉隠』のみで二度にわたって用いられている珍しい句。類句の、家の中では裸同然の者が外出すると体裁作りをする意の「内裸《うちはだか》外錦《そとにしき》」と重なるが、見出しの句のように犬と虎を対比したものの方が、裸と錦を対比したものよりかなり穏やかな印象を受ける。ということは、犬虎バージョンの方には内と外が真反対になるほどのニュアンスは込められていなかったのではなかろうか。渡世の厳しさをやんわりと説いた慈しみのある句といえそうだ。

徳は身を潤《うるお》す

ことわざの世界では、徳（人徳）はもっとも高い価値が付いているものだろう。「徳は才の主、才は徳の奴」は徳が才能の主人であって、才能は徳の召使に過ぎないというもの。言い換えると、もっとも人間にとって大切なのは徳であって、才能は二の次だと考えるものだ。「徳は本なり、財は末なり」も内容は明確。人にとって大事なのは幹である徳行であって、財産などは末端の枝葉に過ぎないというものだ。「徳を行うこと殉《まこと》に直《す》ぐなれば則ち郡物皆正《ぐんぶつみな》しきなり」とは、かなり難しい言い回しだが、徳を実践していれば、あらゆるものに影響を及ぼすので、すべてのものが正しくなるということだ。

反対に徳を否定的にみるものはない。せいぜい、「徳を好むこと色を好む如き者なし」という、道徳を愛す人が、美人を愛す人のようには多くないという句がある程度だろう。見出しの句は、近松門左衛門の浄瑠璃『十六夜《いざよい》物語』（賢女尽し）の締めの部分で「智は万代の宝」と並べて用いられているように、徳は人間を豊かにする、もっとも大切なものとみられたのだ。

悪木《あくぼく》は根を残すべからず

現代人はまず耳にしないだろうが、悪木とは役に立たない木とか、悪臭を放ったり、トゲなどで人を傷つける木のこと。悪木の言葉が使われるよく知られたことわざに、「渇しても盗泉の水を飲まず、熱しても悪木の陰に憩《いこ》わず」という中国の古典にみられる対句形式のものがある。意味合いは、悪い名を持つ泉の水を飲んだり、悪い名の木の陰に休めば身が汚れるから、少しでも汚れたことは避け、慎むべきだというもの。

見出しの句は、江戸時代の代表的な作家・滝沢馬琴の長編小説『南総里見八犬伝』(第九輯《しゅう》巻九)に使われている。つまり、禍《わざわ》いとなるような木は根から取り除き、後に残してはならないというものだ。同書では、同じ意味の「虎狼《ころう》は山に還すべからず」と対句のようにして用いられており、二つの句が続くことによって、禍根を残すことのないようにとの強い戒めになっている。この句は、中国の古典に通じている馬琴ということから、前述の「渇しても盗泉の水を飲まず」の句などを本人が言い換えたものかと思われる。

蟻の塔を組む

塔は、人間社会では五重塔などの建築物をいうが、ここでは蟻塚を塔に見立てたもの。蟻塚は、アリやシロアリが地中から地上へ盛り上げて作る巣で、多数の小室と入り組んだ通路からなっている。塚を作らない種類もあるものの、作るものの中では、日本のエゾアカヤマアリの巣は直径二メートル、高さが五十センチにもなるそうだ。このくらいであれば、人間にとっての塔との大きさの比率をはるかに超え、アリにとって巨大な存在となり、これを築くのは大仕事となろう。ことわざの意味するところも、少しずつの地道な努力が大きな事業をなし遂げることの譬えとなる。

ことわざに登場する動物では、もっとも小さい部類にはいるのがアリだが、ことわざの世界でも常連さんだ。「千里の堤も蟻の一穴から崩れる」「蟻のはい出るすきもない」などよく知られたことわざも多い。見出しの句は、江戸時代からよく使われることわざで、「蟻が塔を築く」と

か、「蟻が塔を積む」などとも表現されていた。前ページの図は江戸幕末に発行された歌《うた》川芳盛《がわよしもり》の一枚刷「教訓いろはたとへ」の一部で「蟻が塔つむ」。

憎い鷹には餌《え》を飼え

反抗する手強《てごわ》い相手には相手の利益となる懐柔策をほどこすことが適切な対応だということの譬え。鷹に餌を与えるということは、鷹狩り用の鷹を育成するということだろう。猛禽《もうきん》類の鷹を手なずけ、鷹狩りに使えるようにするには相当難しい訓練と忍耐が必要だろう。鷹の中には、人のいうことを聞かないばかりか、反抗的なやつもいよう。そんな時の対処法はいくつかあるのだろうが、もっとも有効とみられるのは、相手の喜ぶことを提供することだったというのであろう。人間でいえばアメをしゃぶらせるわけだ。

鷹を使って狩りをするのは世界各地にあるそうで、日本でも古代からあり、特に徳川時代の家康を筆頭にした将軍たちは鷹狩りを愛好したという。この句は、こうした伝統のある日本の鷹狩り文化から生まれた、たぶん、唯一のことわざだろう。ことわざとしては江戸期からみられるが、常用されるほどではなかったものの、明治四三年には画家・結城《ゆうき》素《そ》明《めい》（東山魁夷《ひがしやまかいい》の師）が新しいいろはカルタ「新いろは嘉留多」で、この句の絵を描いている。左の図は明治四十三年に毎日電報社から発行された『新いろは歌留多』。絵札は日本画家・結城素明が描き、読札は尾崎行雄《おざきゆきお》・後藤新平《ごとうしんぺい》・渋沢栄一《しぶさわえいいち》・嘉納治五郎《かのうじごろう》らそうそうたる顔ぶれの筆。写真の「に」は新渡戸稲造の筆。

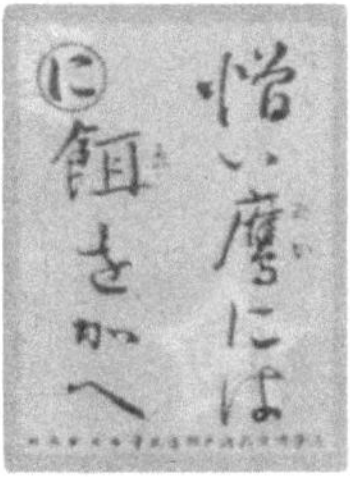

松のことは松に習え、竹のことは竹に習え

わからないことは専門家に素直に聞き、教えてもらうのが最善の策だとの譬え。小難しい言い方のないためか、なんとなくありそうに思えることわざなのだが、現代のことわざ辞典の類には殆《ほとん》ど載っていない。文献にあるものでは江戸期の俳論集『三冊子《さんぞうし》』（赤雙《あかそう》

紙《し》）に、私意を離れよとの意として引用されている。

意味の重なりがあるよく知られた句に「餅は餅屋」がある。こちらは、専門家に任せよとの意味合いであり、見出しの句のような教えを乞《こ》うとの意はなく、微妙に異なる。何事でも、その道に通じている人に聞ければ、一人で悶々《もんもん》とするより上達は早いだろう。世の中にはさまざまな分野やそれに伴う仕事がある。農耕民族の日本だから「田作る道は農に聞け」と農業に関するものがある。周りを海に囲まれているから、海との関わりは濃密だ。そこから「海のことは漁師に問え」と海洋版も生まれる。山や森も豊かである故「山のことは山人《きこり》に聞け」、そして戦となると「戦のことは武士に問え」となるというわけだ。なお、図は島崎藤村《しまざきとうそん》・作、岡本一平《おかもといっぺい》・画の〈藤村いろは歌留多〉の「竹のことは竹に習え」。

豆腐と浮世とは柔らかでなければゆかず

日本のことわざは「三段なぞ」になるものが少なくない。これもその一つ。つまり、「豆腐と掛けて、浮世と解く、その心は、柔らかでなければゆかず」となるという次第。三段なぞは、掛けと解きとの関わりが遠く離れていればいるほど、組み合わせの意外性が生じ、そこから両者の心の共通性が明かされて面白い作品となる。豆腐と浮世とは、一見したところ、あまりに違いが大きく、どう関連するのか、その関連性を思い描くことはたやすくない。でも、ことわざの意味が、世渡りは柔軟にせよと、なぞの心がわかってしまえば、なあーんだ、そうなのかとなろう。

豆腐はことわざの世界でよく活躍する。豆腐を使ったことわざの中でよく知られるものは、現代なら「豆腐の角に頭をぶつけて死ね」だろう。明治時代の西日本なら、上方系のいろはカルタにある「豆腐に鎹《かすがい》」あたりではないだろうか。鎹はコの字型の鉄釘の一種で、木材などを繋ぐもの。どちらも豆腐の柔らかさに着目して滑稽な様子を表している。

牛は水を飲んで乳とし、蛇は水を飲んで毒とす

同じ原料の水を、片方は有益な乳にし、他方は有害な毒にするということだから、それを裏づける科学的な論拠が欲しい。この場合、同じものが使い方で正反対になることの譬えなので、牛が善、蛇が悪なる存在とみなされていることになる。蛇が登場する日本のことわざには「蛇の曲がり根性」のようなマイナスイメージのものもあるが、全体的には、蛇に悪しきイメージはない。むしろ、「白蛇《しろへび》は神のお使い」「蛇は弁天の使い」といったプラスイメージのことわざもあるので、悪いイメージの蛇は珍しい存在といえる。

この句は鎌倉時代の仏教説話集『沙石集《させきしゆう》』（巻一）で用いられ、ことの正邪は人によるものだと説かれている。蛇が日本のことわざに登場するもっとも古い例ではないだろうか。平安期の『源氏物語』『今昔物語』などにもことわざは顔をみせているけれども、古い文献にでてくることわざの数は多くはない。それでも鎌倉期からは『平家物語』などの軍記物を主に徐々に数を増してくる。『沙石集』は、そうした流れの中にある文献といえる。

七《しち》年の飢餓にあうとも一年の乱にあうべからず

五万も六万もある日本のことわざの中で、これほど明確に反戦思想を表白したものは他にあるまい。なにせ七年の飢餓状態にあっても、たった一度の戦乱にあうよりましだ、という激烈な思いが浮きでているからだ。幕末期の福島の百姓一揆《いっき》の指導者・菅野《かんの》八郎《はちろう》の『八老独年代記《はちろうひとり》』に世話（ことわざの異称の一つ）として援用されている。

この句には、微妙に違うバリエーションがある。大正期に書かれた「三度の飢餓に遭うとも一度の戦に遭うな」（『気仙郡誌』）は、「年」が「度」に変わっているが、ことわざとしては穏やかになっている。それが昭和も戦後になると「七度の餓死にあうとも一度の戦にあうな」（『宮城県誌』）となり、同じような変化はみられるが、反戦への思いの激しさは増しているようだ。

ことわざには「泣く子と地頭《じとう》には勝てぬ」とか、「長いものには巻かれよ」といった権威に追随するものもあるように、保守的な立場を肯定する側面がある。見出しの句は、こうしたことわざが持つ保守的要素と対極をなす思想で彩られている稀有《けう》な存在なのだ。

よく陣する者は戦わず、よく戦う者は死なぬ

敵と戦をする場合、戦術に長《た》けた名将は敵軍と交えずに勝つような陣地をとる。闘うたびに勝つ連戦連勝の猛将は、死んでしまうようなへまはしないということ。古いものは鎌倉時代ころの金言集『管蠡抄《かんれいしょう》』や、江戸期以前の金言集などにおさめられている。具体的な用例では、江戸初期の仮名草子『可笑記』（巻五）で合戦の様子を語る場面で古語からの引用として使われている。江戸期の文献で古語を引く場合、多くは中国の古典にあるので、この場合も中国古典に発するものと推測される。具体的な文献は不詳ながら、中国の古典となれば、ゆうに千年以上は遡る。鎌倉時代であったとしても七百年も前になる。

この句がいうことは、千年も七百年も前の世界であったから通用したのであって、現代では困難との見方もあろう。たしかに、これはある種の理想であるかも知れないが、あくまでも譬えごとなのだ。肝要なのは、考え方のヒントにすればいいのだ。

流水の堅石を穿《うが》つ

これは、江戸時代前期の日蓮宗の僧である元政《げんせい》上人の著述『艸山集《そうざんしゅう》』（地の巻　宜翁に答え）にある言い回しで、流れる水でも、長い間には堅い石に穴をあけるということ。意味は、たとえ微力であっても根気よく続ければ成功するという譬え。流水で石に穴があいた実例はみたことがないが、川の上流の角張った大岩が下流で角のとれた丸い小さな石になる例はたしかにある。水や水滴と石とか岩の関係をいうことわざがいくつかあるように、類似の発想のものが少しある。古くからあるものでは「水滴石を穿つ」が中国の古典にある。「雨垂れ石を穿つ」もある。こちらは鎌倉時代の道元の『正法眼蔵《しょうぼうげんぞう》』にあるし、さらに、明治時代になると、西洋からの「点滴石を穿つ」も加わって、表現が豊富なことわざに数えられる。ことわざとして実質的に使われるようになるのは、戦後からのようで、長い間眠っていた。いわば、復活したことわざといえるもの。ただ、それにも見出しの句は除外されるように、歴史のかなたに埋もれていたものなのだ。

憎い者は生《い》けて見よ

憎悪するような者は殺さずに生かしておき、罰を受けて苦しむのを見届けるのがよいということ。ことわざに憎悪の哲学というものがあれば、さながらこの句あたりが相当しそうだ。いやはや、空恐ろしいくらいの憎しみだ。それもそのはずで、このことわざは古くは南北朝時代ころの軍記物語『源平盛衰記《じょうすいき》』で「敵《かたき》をば生けて見よ」と使われていたように、敵討ちをいうことわざなのであった。たしかに、敵討ちの相手であれば憎いに決まっていよう。だが、それにしても激烈で、こんな根に持つような思考が日本人にあったことに驚かされる。

この句の言い回しは、室町期ころの狂言『鈍太郎《どんだろう》』にみられるから、こちらも十分に古いといえる。江戸時代には狂歌集『後撰夷曲集《ごせんいきょくしゅう》』に「憎き者をいけても見よといふ事はいとしき君と死する故かも」と歌われた例もあった。その後は「憎い者は長う見よ」とやや穏便な言い回しのものもでてきたが、近代以降は姿を現していない。

老いて死せざるはこれ賊《ぞく》する

江戸初期の見聞集『慶長見聞集』（巻二）に「道斎といふ老人たゞひとり灯し火の下に文をひろげて、見ぬ世の人こそゆかしき友ならめと、明暮《あけくれ》になぐさむわざぞをかしう見ける。若き人是を見て、老て死せざるはこれ賊するといへる本文有り」とある。要するに、年寄りとして生きているだけであれば賊（ならず者）と同じということだ。筆者を含め世の高齢者にとって、真にもって厳しい見方をするものだ。さらに古く、平安時代にも「老いてのみ老いて墓知らぬ狐」（『今昔物語』巻二十八の三十六）という句が存在していた。こちらは、年だけとって自分の死に場所も知らない愚か者を狐に譬えている。中国では無駄に長生きすることを「老いて死せず」といっていた。どれにせよ、いたずらに長生きすることに批判的なものだ。人間は必ずいつか死ぬ。違いは遅いか早いかだけ。願わくば、しっかりと自分の死を見据えつつ、与えられた生をまっとうし、往生際よく死にたいもの。ここの句は、長寿社会が根幹に据えるべき哲学といえるのではないだろうか。

亭主の留守に炬燵《こたつ》にあたらず

意味は、人に疑われるような行動は慎むべきだということ。なぜ、炬燵で暖まるのがいけないのだろうか、こちらも大いに疑問だろう。布団が掛かった炬燵の中には外部の目が届かない。そんな炬燵の中に来客の男性とその家の奥さんが一緒に入るとなれば、疑いの目でみられるのは必定ということになる。

現代では炬燵は一般家庭でどこにでもあるものではないが、かつては上等な暖房器具であった。この句は、江戸の戯作文芸の滑稽本『人間万事虚誕計《うそばつかり》』(女ぎらひの虚《うそ》)にでてくる。ここは女嫌いの章というわけで、自分の方から女には近づかず、相手からものを言われても挨拶《あいさつ》もせず、女とみればにらみつけるし、他人の家にいっても亭主が留守なら裏口から逃げだして帰るのだというもの。このことわざは、亭主の留守にわざわざ炬燵にあたりにいく輩《やから》を批判する文脈で使われており、すももの木の下で実を盗ったようにみえる真似はするなという意の「李下に冠をたださず」と併記されている。

医者と石屋は漢字でお書き、唐紙《とうし》と唐紙《からかみ》かなで書け

物事への対処は情況に応じた実際的なものでなければならないとの譬え。同音異義語の存在をことわざにしたような珍句。たしかに、医者も石屋も音で聞いたり、カタカナや平仮名で書いてもその違いはわからないが、漢字にすれば明瞭になる。唐紙の方は読み方で指す対象が異なる。「とうし」と読めば中国から渡来したもので華麗な模様がほどこされた厚手の紙。「からかみ」は襖《ふすま》のこと。私が育った千葉県の南部では襖を「からかみ」と呼んでおり、大人になって襖のことと知った。なお、「唐紙《とうし》唐紙《からかみ》仮名で書け」とも表現される。

メダカは石菖鉢《せきしょうばち》を廻り鯨は大海を泳ぐ

ものごとの楽しみ方は、それぞれ分に応じたものがよいとの譬え。石菖鉢は植木鉢の一

種で盆栽用として名高いもの。鉢の大きさや形は色々あるが、丈の低く間口が広い鉢でメダカを飼ったり、中にはそのメダカを釣る「メダカ釣り」という風流な楽しみ方があった。メダカはボウフラを食べてくれる益魚で、金魚と同じように観賞魚として親しまれていた。現在では水槽で飼うのが普通だろうが、江戸時代は石菖鉢が使われた。体の小さいものは小さい器で身の丈にあった生きかたをするのが自然なのであろう。

鶏《にわとり》を養う者は狸《たぬき》を畜《か》わず

敵対するようになるものや、害となるものは避けるべきということの譬え。有効な手段をとらず、むざむざと危害を被るのは愚かだ。このことわざは鎌倉時代の歴史書『吾妻鏡』(第十六)に「獣を牧《か》ふ者は豺《さい》を育《やしな》はざる」と併記されているもの。豺は山犬のことだが、獣はここでは家畜をいうのだろう。他での使用例は江戸時代初期の『北条九代記』以外に確認されておらず、おそらく歴史のかなたに消えてしまったのかも知れない。

商いは飽きない

商売は飽きずにコツコツと根気よくつづけることが大事だということ。類似した意味のことわざには「商いは牛のよだれ」という上方系のいろはカルタにある語句もある。こちらは細く長く糸を引くように長く延びる牛のよだれのように商売をせよというものだ。カルタのことわざも意味を知らなければ何のことをいっているのか分からないだろうが、この語句が漢字でなく平仮名であればまるで頓知《とんち》になってしまう。見出し語の方は日本語の特長である同音異義語となる「あきない」の二つの単語をつづけただけの至ってシンプルな構造のものだが、そこに込められた内容は深い。同様の技法が用いられているものには、「花の下より鼻の下」「案じるより団子汁」「理詰めより重づめ」「按摩に秋刀魚」「生姜なければ茗荷がある」「憚りながら葉ばかりだ」「医者が手を放すと石屋がとる」などとあって面白い日本のことわざの代名詞的な存在となっている。

これまでのことわざ辞典には収録されていない珍しい言い回しだが、昭和三十六年の里《さと》見弴《みとん》の小説『極楽とんぼ』(十)に「そんなわけで、名もなき吉米商事が、ともかくも七年間、三人の男を食い繫がせたり、遊ばせたりして来たのだから、『商業《あきない》は飽きない』の俚諺《ことわざ》もあながち馬鹿にならないものだ」とでてきている。

猟人《かりうど》と芝居者は当たらにゃ銭にならねえ

ものごとは的中しなければ大きな稼ぎにはならないということの譬え。ここの文例は江戸期の歌舞伎脚本にみえるだけのものだが、ここの猟人が獲物を当てるための道具とは弓矢か鉄砲だろう。弓矢や鉄砲であれば命中すれば当たると表現する。他方、うった芝居がヒットした場合も当たると表現する。ことわざの型としては三段なぞにはいるもので、猟人と掛けて、芝居者と解く、心は当たらにゃ銭にならねえ、となるものだ。一八五九年に上演された河竹黙阿弥《かわたけもくあみ》の脚本『小袖曾我薊色縫《こそでそがあざみのいろぬい》』（第壱番目大詰）に「神主『アヽ、コレコレ、仮にもそんな事を言わっしゃるな。山神様《さんじんさま》のお気に障ると、直《じき》に罰が当たるぞ。』杣六『罰でも何でも初春早々、当たるといふは延喜《えんぎ》がいひ。』斧蔵『そふだそふだ。猟人と芝居者は、当らにゃ銭にならねへ。』」とでてくる。

千読一行に及ばず

たくさんの読書より、たった一回の行いの方が真の知識が得られるということ。ここの句は、ことわざ辞典などには見られないもので宗教家・内村鑑三《うちむらかんぞう》の明治四十二年の所感「読書と智識」(『内村鑑三所感集』岩波文庫　昭和四十八年)にみられる。「書を読んで事を識るあたわず、書は事を紹介しまた起想せしむるにすぎず。事を行いてのみよくこれを識るをうるなり。智識は実験なり。いわゆる博学の士にしてなにごとをも識らざる人多し。読書家を識者と見るは非なり。余輩の知る最も無知なる人は、読書のほかなにごとをもなさざる人なり。百聞は一見にしかず、千読一行に及ばず」とあって読書に対して非常に厳しい見方をしている。

これに発想としてよく似ているのが「百考は一つの行いに如かず」だろう。こちらは、沢山考えたところで、それはたった一つの行動に及ばないというもの。両方に共通するのが、理論や知識より実践であり行動が大事だとみなす観方だ。行動を伴わない頭でっかちでは何の役にも立たないということなのだろう。

牡丹餅も山椒餅も食った人の舌による

何であれ経験したり、実際にやってみなければ物事の核心や違いの判断はできないとの譬え。牡丹餅はおはぎとも呼ばれる江戸時代から知られる代表的なごちそう。また、季節により春のものを牡丹餅、秋のものをおはぎとも呼ぶこともある。形状や餡にも違いがあり、丸い粒餡が牡丹餅とするのに対して、長細いこし餡がおはぎとする見方もあるが、必ずしもすべてに当てはまるものではないようだ。牡丹餅は人気の高いものであるためかことわざの中に数多く顔を出している。現代人に最も知られるのが「棚からぼた餅」だろうが、「開いた口に牡丹餅」「運は天にあり牡丹餅は棚にあり」「牡丹餅で尻を叩かれる」など三十程の語句が辞典にはみられる。対するおはぎはことわざ辞典には見られない。

山椒餅は牡丹餅ほどの知名度はないものだが、現代は京都などで販売されている山椒の粉で香づけされた黄緑色の香高い餅。山椒が使われていることわざには「山椒は小粒でもピリリと辛い」「驚き桃の木山椒の木」など少なくないが、山椒餅が使われたものはなく、本項目のものが初めてであろう。見出し語は江戸期の洒落本《しゃれぼん》『風俗砂払伝』（跋）に「搔餅あれば霰《あられ》有、元分身なれども名と形は異なり。牡丹餅も山椒餅も喰ッた人の舌によらん」とでてくる。類似した意味のことわざには「鯛もヒラメも喰うた者が知る」があり、ことわざ辞典にも載っているが、明治時代以降に登場したもののようだから、本項目の後発になる。

世の中に退屈という事ほど悪いものはない

退屈な思いをすることが、この世の中で一番悪いということ。退屈とは、古くは気力が減退することとか、圧倒される意であったが、遅くても近代以降では何もすることがなく暇をもてあますことの意。似た意味のものでよく知られるのが「小人閑居して不善をなす」というもので、暇だとろくな事をしないという中国からの伝来の言い回し。たしかに暇があり余れば、いたずらな妄想にふけったり、よこしまな考えを抱いたりすることもあるだろう。人の性格にもよろうが、暇であるより多忙の方が精神的には楽だとみる人は少なくなかろう。忙しければその事に集中するから余計なことは考えなくて済むからだ。見出し語は大正七年に発表された佐藤春夫《さとうはるお》『指紋』（月かげ）に「この日脚の短い季節に、しかも他の人の半日にしか当たらない昼間の、その長いことは、実にほとほと退屈する。

世の中に退屈といふ事ほど悪いものはないといふのは本当である」とでてきており、世間で言われているのだとしている。

己れに克つより強い者はいない

自分の心のなかの敵に打ち克つ者がもっとも強い人間であるということ。人の心にはさまざまな感情や気分が宿っている。古くから問題になっていたのは欲望や邪心。儒学思想が集成されている論語には「己れに克ち礼に復《かえ》る」という言い回しがある。私欲を克服して本来の人間としての基本である礼にたちかえるのが仁の精神だとするものだ。もう少しひらたくいえば「己れに克つは仁の本」というものと同じだろう。なぜそうした論議が生まれるか、「自分の糞は臭くない」とする身勝手や、自分のことが分からないことをいう「自分の盆の窪は見えぬ」であったりするのが人間の属性だとの認識がある。それに加えて「自分のことは棚に上げ」た上で、「他人に厳しく自分に甘い」見方をする多くの人々の存在があるだろう。また、「彼を知り己れを知れば百戦殆《あや》うからず」という「敵を知り己れを知る者は勝つ」と同義の言い回しもある。こうした色々な言い回しがあることから推測できるのは、如何《いか》に人間は己れをしっかりと見ることが難しい存在であるかを物語っているのではないだろうか。見出し語は、ことわざ辞典類には見られず、唯一、戦前の新案系いろはカルタである『昭和教訓カルタ』にある。図は頭の中の悪しき敵を槍《やり》でもってやっつける様子がうかがえる。

第二章　人の浅はかなる姿

人の愚かしさ、浅はかさを題材にしたものをあつめた。特に、戒めとなるものをここでは扱っている。

といっても、おそらく嫌な気持ちにはならないであろう。

それは、ことわざが決して直截《ちょくせつ》的な表現をとることがないからだ。たとえば虎や羊などの動物、あるいはおけらやムカデなどの虫、さらには雲や月の姿を使って語りかけてくる。

しかも、その語調は常にリズミカルで淀みがない。聞いていて嫌な気持ちになる余地がないのだ。

これぞ、ことわざが持つ大いなる力であろう。

人は不完全な存在である。それは今も昔も変わらない。欠点を素直に受け入れられるかどうかで、人の生き方は変わってくる。

ことわざはそうした戒めの言葉として、大きな力を発揮しているのである。

智恵は偽りの始まり

人知、全般を否定するものはいないだろう。昔から「智は万代の宝」（『実語教』鎌倉時代）として、何代にも引き続いて有益なものと考えられてきた。また、「知恵は真珠に勝る」と、どんな宝よりも勝るものとされる宝中の宝であり、「知恵と力は重荷にならぬ」と、あればあるほどよいものとされた。金は使えばなくなるが、知恵は使えば使うほどよいからだ。「知恵に廃りなし」で、知恵は生涯にわたって不用になることはないというわけなのだ。

他方で、知恵を手放しで評価しないものもある。反対のものや、相対立するものを持つのがことわざの特徴でもあるから、いわば当然なのだが……。「知恵出《い》でて大偽《たいぎ》あり」とは、知恵が発達すると、人が小賢《こざか》しくなって、だましたり、うそをつくことが多くなることをいう。これは中国の古典『老子』（十八）にある言葉。見出しの句は、この『老子』を踏まえ、さらに端的にした言い回しで、江戸時代の洒落本《しゃれぼん》『大通俗一騎夜行』にみられる。そうした端的化したものには、「智恵過ぐれば嘘をつく」と表現したことわざも生まれた。

言う者は知らず、知る者は言わず

ぜんぜん分野が違う世界のことなど、自分がそれほど通じていないことにも知ったような口をきく人は稀《まれ》ではない。ここの意味することは、何に対してでも知っているようにいう人は本当は知らないし、本当に知っている人はぺらぺら喋《しゃべ》りはしないということ。

この句は夏目漱石の随筆『愚見数則《ぐけんすうそく》』にあるもので、該当箇所をそのまま引用する。「言ふ者は知らず、知る者は言はず、餘慶《よけい》な不慥《ふたしか》の事を喋々する程、見苦しき事なし、況《いわ》んや毒舌をや、何事も控へ目にせよ、奥床《おくゆか》しくせよ、無暗《むやみ》に遠慮せよとにはあらず、一言も時としては千金の価値あり、万巻の書もくだらぬ事ばかりならば糞紙に等し」とある。

知ったかぶりに対して、何とも手厳しい文言だ。漱石の言語観の一端が窺《うかが》える一節ではないだろうか。もともとは中国の古典『老子』にある句。言い回しの内容といい、出自が『老子』といい、ことわざ辞典に載っていて不思議ではないはずだが、どういう訳か、万を超す語句を収める大部な辞典にみられないのは、卑俗なことわざというより、高尚な格言と見なしたためであろうか。

熊を殺して胆《きも》を取らず

熊の胆は、熊胆《ゆうたん》、熊の胆《い》とよばれ、古くから漢方薬で使われてきた。明治時代には、「熊膽木香丸《ゆうたんもっこうがん》」との名の腹痛用の薬も販売されており、金棒を持った鬼の腹にその薬名を書いた八十センチほどある立派な木製看板もあった。しかも、類似したものが何種類もあったのだから、それだけ商品として広まり、よく売れたのであろう。熊の胆を原料にした薬は、現在でも中国をはじめとして各地で流通している。

熊の胆が重要な漢方薬の材料であったのであれば、熊は狩猟の対象になっていたはずだ。毛皮や肉も有用であったであろうが、胆は一つしかないのでより珍重されたに違いない。

この句の意味は、熊を殺しておいて貴重な胆を取らないことから、もっとも肝心な点をとり落す意となる。一般によく知られることわざで言えば、「仏作って魂入れず」に相当するだろう。このことわざは、滝沢馬琴の『南総里見八犬伝』（八輯巻二）にみえるが後世には伝わっていないようだ。次ページの図は「熊膽木香丸」の腹痛用の薬の木製看板。

ことわざとしては「鬼に金棒」。明治期のもので、熊の胆は腹痛の薬として重用されていた。

法華《ほっけ》に念仏勧める

法華は日蓮宗で、念仏は浄土宗をさす。つまり、日蓮宗を信仰する者に浄土宗や浄土真宗を勧めるということから、お門違いなこととか、無用な無理難題をいう譬《たと》えとなる。この句は人情本『軒並娘八丈《のきならびむすめはちじょう》』（三篇巻下）に「浄瑠璃好《ずき》に論語の講釈も聞かされず、角力《すもう》好《ずき》に歌牌《うたがるた》を取れと言ったればとて、法華に念仏を勧める様なもので、一生相談の出来ない話」とでてくる。

浄土宗には法然《ほうねん》、浄土真宗には親鸞《しんらん》、日蓮宗には日蓮と名だたる高僧が顔をそろえる。ことわざで宗派に関わるものとしては、日蓮宗系と浄土宗系が目に付く。「朝題目に夕念仏」は、朝に題目を唱え夕方に念仏を唱えるということから、定見のない無節操なことの譬えとなる。ここには、一見したところ日蓮宗を表す語句が見当たらないように見えようが、実は「題目」がそれに相当する。一般には見出しの句と同じ意で解釈されようが、日蓮宗の南無妙法蓮華経の七文字を題目という。朝に南無妙法蓮華経、夕に南無阿弥陀仏では、聞く者は首を傾げてしまうというのだろう。

角《つの》を絞りて乳を求む

この言葉は、鎌倉時代の華厳《けごん》宗の僧・明恵《みょうえ》上人が著した『光明真言土砂勧信別記《こうみょうしんごんどしゃかんじんべっき》』にあるもの。いうまでもなく、牛の乳を搾るには乳首を搾るのであって、いくら立派な角でも角を搾って乳がでるわけはない。意味は間違ったやり方や方法の譬えとなる。

人間にはこうした過ちがつきもののためか、「畑に蛤《はまぐり》」「水中に火を求む」など類義のことわざがいくつもある。その中でもっとも知られているのは、木に登って水の中の魚を捕ろうという「木に縁《よ》りて魚《うお》を求む」であろうか。しかし、揚げ足を承知で言えば、世界は広く、木登りする魚もいるのだそうだ。その点、角の場合は例外はない。牛はもとより、シカであれ、サイであれ、乳は一滴たりとも搾れない。

明恵上人といえば京都の古刹《こさつ》・高山寺《こうざんじ》の開祖として知られる。その高山寺は世界遺産であり、いくつもの国宝や日本最古の茶園があることでも有名だ。特に美術ファンにとって垂涎《すいぜん》の的であるかの『鳥獣人物戯画』が所蔵されている寺といえば、思い当たる人も多いのではないだろうか。

這《は》っても黒豆

このことわざの起こりの情景を描写すればつぎのようになろう。二人の人物がいたとしよう。一人が床の黒い一点を指差し、あれは黒い豆だといった。それに対して別の一人が、いやいや、あれは黒い虫だといったそうな。二人が、豆だ、虫だと言い争っているうち、その黒い物体がもぞもぞ動きだした。それをみた一人が、動きだしたではないか、虫にきまっているじゃないか、と勝ち誇る。そういわれた豆と主張した方は、いいんや、這っても黒豆なんだ、とのたまったそうな。

この句は、言い争いに負けても自分の非を認めず、自説を主張するような極めつきな頑固者に対する譬え。類句には、「鹿を馬」「鷺《さぎ》を烏《からす》」といった言い回しが知られるが、さほどのインパクトはあるまい。鹿馬バージョンは形、鷺烏バージョンは色合いの違いによるのだが、豆と虫は動かないはずのものが動くというダイナミックさがあるからだろう。この句は江戸期からみられることわざなのだが、なぜか具体的な用例に乏しい。もっとも、「飛んでも河豚」との魚バージョンの言い回しが千葉県の浦安《うらやす》にあったそうだ。

衣を染めて心を染めず

この句は平安時代を代表する僧侶《そうりょ》である空海『秘蔵宝鑰《ひぞうほうやく》』（巻中）にあるもの。「然《しか》るに今、在《あ》らゆる僧尼、頭を剃って欲を剃らず、衣を染めて心を染めず」と記されている箇所にある。つまり、僧侶や尼は、剃髪《ていはつ》しても自分の欲望は捨て去らないし、僧の衣は身にまとっても心を涵養《かんよう》してない、上っ面や外面ばかりを整えて内面を疎《おろそ》かにするという意味合いのものだ。空海の当時の僧侶たちへの痛烈な批判の言葉とみることができる。

見出しの句は、ことわざの技法の観点からすると、「衣」と「心」で頭韻を踏み、「染め」の語を繰り返すなかなか手の込んだ技が織り込まれているものだと言えよう。こんなに技巧に富んだことわざであるにも拘《かかわ》らず、なぜか、この言葉は伝承されていない。ことわざの花が百花繚乱《りょうらん》のごとく咲き誇った江戸期でさえも用いられていなかった観がある。それでも、明治期には「衣を染めんより心を染めよ」との言い回しがでているので、見出しの句が何らかの影響を及ぼしたのかも知れない。

鰻《うなぎ》をすりこ木ですくう

とうてい為しがたいことの譬え。ウナギの体の表面はヌルヌル。すりこ木は細長く丸い木の棒。丸いものでヌルヌルのものをすくい上げようとしてもできはしない。目的に対して手段や方法が間違っているということになる。この手の意味合いのことわざは多種多様で数も多い。「雲をつかんで鼻をかむ」「蒟蒻《こんにゃく》で石垣を築く」など突飛な譬えも少なくない。すりこ木を使ったものには「すりこ木で芋を盛る」など他にもあるので、身近でどこか使いやすい道具だったのかも知れない。色々ある中では「瓢簞《ひょうたん》で鯰《なまず》」がもっとも有名だろう。スベスベした瓢簞でヌンメリした鯰を押えようとするものだから、これはできっこない。

見出しの句は江戸時代の心学の書『心学道の話』(五編後席十二)に「来月からは、身を慎むのじやの、再来月から、御法度を守るのじやのと、いふように、鰻を摺子木《すりこぎ》ですくふやうな、教へといふものは、何所にもありはしませぬから、人は只々、今日《こんにち》只今の平常心《へいぜいしん》、生死《しょうし》増減にあづからぬ事」と、否定的な形で用いられている。

ムカデが草鞋《わらじ》はく

ムカデは漢字では百足と記されるように脚が多い。種類も多いし大きさも色々で脚の数も違う。多い種類では百を超すものがあるというから、百足と記すのは誇張ではないことになる。こんな脚の多いムカデが草鞋を履こうというのだから手間取るに決まっている。そこから、面倒くさいことを表す意となる。

この句は、江戸後期の柳亭種彦《りゅうていたねひこ》の戯作『やまあらし』(三)に、「たま〳〵袷《あわせ》の丸洗ひをあてがへば、百足がわらぢをはき、蛙がはらの灸《きゅう》すゑるよりおつくふに思ふなど、このともがら裏屋にはまゝあるものなり」と用いられている。洗濯を命じたところ、面倒くさがってなかなか取り掛からない様子をムカデとカエルを使って面白おかしく語っている。その他、洒落本などにも用例がみられるように、かつては比較的よく見受けられた句であった。

ムカデがでてくることわざは他にもある。「百足は死しても倒れず」とは、身内や知り合い、支持者が多くいる人はたやすくは滅亡しないという意の肯定的にみるものもある。

早飲み込み生《なま》聞き

「早飲み込み」は早合点のこと。類義の「早とちり」になると、早合点した結果、失敗するような事態についていう。「生聞き」は、現代はあまり使われないが、いいかげんに聞いてしっかりと理解してないこと。

しかし、早いことは悪いことばかりではない。「飲み込みが早い」と単語の順序が逆になれば、物事の理解が早く聡明だということになる。ことわざでいえば、「早起きは三文の得」は周知のものだし、「早寝早起き病知らず」と健康面で評価するものもある。中には「早飯早糞早算用」と、食事・用便・計算の三つが早いことをよしとするものさえある。むろん、悪い方は多くあり「早い者に上手なし」「早合点は大間違いの基」などと厳しい。「生」の方も悪いものが多い。「生半可」は中途半端でいいかげんだし、「生物知り」はいいかげんな知識しかないのに知ったような顔をすることだ。

見出しの句は、明治初期の仮名垣魯文《かながきろぶん》『安愚楽鍋《あぐらなべ》』（三編巻下）で用いられているが、その後では耳目に触れられていないようだ。

船頭の竿を流す

肝心なものを失うことの譬え。また、頼りにするものを失くすことの譬え。エンジンのような動力源のない船では、竿《さお》は生命線。舵《かじ》でもあり、動力でもあるからだ。手漕《てこ》ぎの船にも色々あるが、櫓《ろ》や櫂《かい》を使うものは、船に繫《つな》ぎ置く支点があるので水に流されにくい。ところが、竿で操縦する舟は、船頭が常時、竿を直接手で持ち、片時も放さない。櫓にあるような留める支点もないから、いくら手慣れた船頭であっても、もし操作に間違いが起これば竿を失う事態も生まれよう。

この句は、江戸後期の式亭三馬の滑稽本《こっけいぼん》『忠臣蔵偏癡気論《へんちきろん》』（高武蔵守師直《こうのむさしのかみもろなお》）に同義の「座頭《ざとう》の杖を失う」と併記して用いられている。座頭は目が見えない人のことだから、杖《つえ》を頼りにするしかない。もし、そうした人が杖を失ったらいかばかりか、察するにあまりある。他に類することわざでは、「中流に舵を絶え、暗夜《あんや》に灯火《ともしび》を失う」「闇の夜に灯火を失う」が知られるが、なぜか現代ではどれもあまり使われていないようだ。

枝を矯《た》めて樹を枯らす

樹木を剪定《せんてい》しようと、枝振りのよくない枝に手を加えていたら、大本の樹までを枯らしてしまったというもの。小さな欠陥を直そうとして、かえって大事なものを傷《いた》めたり、全体を損なってしまうことの譬えだ。同じ意味で一般によく知られているものに「角《つの》を矯《た》めて牛を殺す」がある。角の曲がり具合などを直すことに固執したため牛が死んでしまったというものだ。牛のものが動物版であるなら、見出しの句は植物版といえる。

そもそもは、江戸後期の滝沢馬琴『頼豪阿闍梨《らいごうあじやり》恠鼠伝《かいそでん》』(巻七)に牛の動物版の対句のように用いられている。植物版には類句も何種類かある。「枝を矯めて花を散らす」は、『八犬伝』(第九輯巻一)にある他、馬琴の別の作品にもあるものなので、馬琴のお気に入りのことわざの一つであったのかも知れない。こちらは、花を散らすというレベルだから、まだ直し方の程度が弱いものだろう。また、「枝を矯めんとして梢を枯らす」というのもあったし、梢が幹に替わった言い回しもあった。ただ、どれも明治以降には継承されていなかった。

山の芋を蒲焼《かばやき》にする

文字面だけ読めば、山芋を蒲焼にしようというのだから、とうてい不可能なこととか、無理やりなことという意味が想像されよう。だが、有り得ないことが起こる譬えに「山の芋が鰻《うなぎ》になる」とのことわざがあることを知っていれば、異なる解釈が生まれてこよう。つまり、細長い形が似ている山の芋が未来の鰻だということになれば、それを蒲焼にするのは不思議でも何でもないことになる。結論を急げば、鰻になっていない山芋を蒲焼にして食べようとするのだから早計もいいところ、という意になる。

このように、まだ確定していないことを当てにして希望的に目論《もくろ》むことのことわざは色々ある。もっともよく知られているのが「捕らぬ狸の皮算用」。あと、「穴のムジナを値段する」「向こう山のウサギに値をつける」などが動物バージョンといえるもの。その他、「飛ぶ鳥の献立」という鳥バージョンもあれば、「儲けぬ前の胸算用」と色々だ。類句が多種ある中で見出しの句は出色のことわざといえるだろう。ウナギを山の芋といい表す頓知《とんち》めいた表現が句の面白さを際立たせているからであろう。狂斎《きょうさい》こと河鍋暁斎《かわなべきょうさい》が表した『狂斎百図』は、江戸末期から明治期にことわざを戯画で描いて人気に。写真はその中の一枚で「山の芋うなぎになる」。

拍子木で洟《はな》をかむ

拍子木は四角の細長い木の棒で二本を打ち合わせて音をだす用具。色んな用途があるが、現代よく知られているのは大相撲の呼びだしや火の用心で消防団員が使うものだろう。このことわざは、そんな角張った拍子木で洟をかむのだというもの。いくら色んな用途があるとはいえ、はたして鼻紙の代わりになるものなのだろうか。もっとも、昔は親指と人差し指の二本の指で洟をかむことは珍しいことではなかったので、案外、拍子木を指の代用にする人もいたのかも知れない。そんなことから、ことわざの意味するところは、不可能なことの譬えではなく、人に無愛想な態度をとることで、「木で鼻をくる」に通じるものとなる。

ことわざとしては、江戸時代の洒落本などで使われており、同時代の代表的なことわざ集『譬喩尽《たとえづくし》』にも載っている。明治時代からも使われ、戯曲『深與三玉兎横櫛《ふけるよさつきのよこぐし》』（序幕）に「(松五郎）拍子木で洟をかんだやうに、素つ気なくは云はねえものだ、おれも浦和の五右衛門が処へ、顔を見せにやァならねえ体」とある。

瓦《かわら》の鏡に天の月を浮かべる

鏡に映すには表面は平らで澄んでいなければ映らない。鏡は現代でこそガラス製が当たり前だが、古代からあるものは銅を用いた金属製が普通であった。天然自然では波立ちのない水面《みなも》に映る水鏡が知られる。だが、この句では瓦の鏡といっているが果たして映るのだろうか。言うまでもなく映らない。土を焼いて表面がざらざらしている瓦だから、どんな物体でも反射しない。月影も映らない。よって意味はとうてい叶《かな》わぬ無駄なことをする意の譬えとなる。

この句は、これまでのことわざ辞典の類《たぐい》には載っていない珍しい句の一つ。鎌倉時代の高僧・日蓮上人が『法花取要抄《ほっけしゅようしょう》』で「譬へば牛の子に馬の乳を含め、瓦の鏡に天の月を浮ぶるが如し」と用いていた。牛の子に馬の乳を与えても、普通は相手が飲まないから無駄になってしまう。同じように、瓦の鏡では天空の月どころか、何も映らない。面白いことには、同書には反対の例も示されている。譬へば「天月の清水に浮ぶが如し」とある。波静かな湖水などの水面には、月は浮かぶのだ。

腐れた水を汲み替えず湧いたボウフラを咎める

現代はみかけなくなったものの一つに天水桶《てんすいおけ》がある。防火用に雨水を溜《た》めておく大きな桶のことだ。江戸時代は木製だったが、六十年ほど前に筆者が学齢期のころ見たものは甕《かめ》だった。そんな大きな甕には必ずボウフラが泳いでいた。水を溜めておく天水桶にはボウフラがつきもののようで、「天水桶のボウフリ」ということわざすらあった。ちなみに、ボウフリとはボウフラのこと。この意味は、自分の狭い知識などにとらわれて、他に広い世界があることを知らないこと。「井の中の蛙大海を知らず」のボウフラ版のことわざということになる。桶の中のボウフラは潜ったり浮き上がったりを繰り返すだけだから、自力では生涯、桶を離れることはできない。

見出しの句はお門違いをする譬えで、機知に富んだアフォリズムで知られた明治時代の文学者・斎藤緑雨《りょくう》の『見切物《みきりもの》』鶉網《うずらあみ》（八）にある。人間には、目にみえるものや、眼前にあるものにだけ囚《とら》われ真因を究明したり、根本をなおざりにすることが多々あるようだ。

鷹に魚をとらせ鵜《う》に鳥をとらす

鷹といっても、この名の鳥はいない。日本には二十三種類のタカがいるそうで、タカの名が付くのは、オオタカ・クマタカ・アカハラダカ・ハイタカの四種類。餌は種によって異なるがウサギ・ネズミ・小鳥・カエルなどとなる。毛色の変わったものでは、蜂を食うハチクマとか、魚を捕るミサゴさえいるというから、鷹の餌と一口にいっても色々なのだ。

この句の意味は、間違った方法や、不適切な対処をすること。つまり、鷹は魚をとらないことが前提となっているから、ミサゴは除外されていることになる。鵜の方は、長良川《ながらがわ》の鵜飼が有名。鵜匠の縄に繋がれた鵜がとるものはアユなどの魚で鳥ではない。このことわざは、江戸時代の主な俚諺書《りげん》（俚諺＝ことわざ）の一つ『本朝俚諺《ほんちょう》』を著した江戸中期の国学者・井沢長秀《いざわながひで》が武士道を論じた『武士訓』（四）で「人も得たるところに用ゆれば、まことに益あり。得ざるところに用ゆれば、あるにかひなきなり。長短を選ばずしてみだりに人を捨つるは、鷹に魚をとらせ、鵜に鳥をとらせて、用にたらずといふに等し」と記していたもの。江戸の時代から、適材適所は難しかったことを窺わせる一文だ。

雪と欲はつもる程道を忘れる

雪は数センチ積もっても情景が普段とは一変するし、道の境も隠れてしまう。これが一メートルを超すようになれば、道はおろか、畑やたんぼ、小川などとの境がなくなってしまい、歩くのが危険にもなる。雪が積もると道が失われて厄介なことになって困るが、同じ積もるものでも、欲望が嵩《かさ》むのはもっと厄介だ。いくら積もっても雪には限度があるが、欲望は「欲に限りなし」「欲の山の頂なし」といって限度というものがない。また、「欲に耽《ふけ》る者は目見えず」といい、欲で目がくらんだ者は、ことの善悪や理非がわからなくなり自己を顧みることもできなくなるし、ついには、「欲は身を失う」といい、身の破滅を招くことになるのだ。

見出しの句にある「道」は、雪道と人として歩むべき道が重ねられている。これは新潟地方にみられることわざ。新潟では雪をヨキと発音するので、欲にヨキが掛けられて語調が整い耳響きのよいことわざとなっているが、こうした技巧的に優れた点以上に雪国ならではの郷土色のある表現として印象深い。

虎の皮をきる羊

自分には実力がないのに権威ある者の威光をかさに着て威張ることの譬えだ。同じ意味で有名なことわざが「虎の威を借る狐」。こちらは中国の古典に由来し、日本でも平安時代から現代まで生きて使われていることわざだ。どちらの場合も虎が強者で、羊や狐は弱者という関係になる。ただ、狐の方では、かさに着るのが威光という抽象的なものであるのに対して、羊の方が着るのは虎皮だからイメージは鮮明となる。見出しの句は、江戸後期の幕府老中・松平定信《まつだいらさだのぶ》の随筆『花月草紙』（四の巻）で使われたが、後世には伝わっていない。

別の動物が用いられているバージョンもある。「獅子の皮を着たロバ」は、かのイソップ物語にでてくるもの。譬えられた動物が異なるのは、その土地に生息する身近なものが使われるからだ。強者は東洋の虎に対して西洋ではライオン、弱者は東洋では羊やウサギだが、西洋ではロバやキツネが使われるという具合だ。

貂《てん》に狗《いぬ》の尾をつける

貂はイタチ科の動物で尾はふさふさしていて太く長い。犬は種類が多く、すべてに当てはまるかどうか確信はないが、少なくとも日本の在来種であれば尾は太くないし、体の割には短い。だから、異なる動物の尾を付けかえるのはどだい無理があるので、語句の意味も間違った方法をとる意となる。

この句は、江戸後期の読本『高野薙髪刀《こうやかみそり》』（序）に「少しく己《おのれ》が意を添へて書付け侍《はべ》るに、元の書には似るべくもあらで、事あやしう詞《ことば》つたなく、蛇にあしを添へ、貂に狗の尾を付く心地して」と用いられているもの。自分の意見を文章にしてみたが、余計なことを記したり、取り違えたりした気持ちであるという内容。かつて貂は襟巻きなどで珍重されており、そこに犬の毛皮を足したような心地がしたとあるのだから、価値がないものになったことを意味している。

貂に関することわざは案外ある。自分より優れた者がいないところで威張る意のものには「鼬《いたち》の無き間の貂誇《てんぼこ》り」と「貂なき山に兎誇る」の二通りもある。

大海にいながら水なし

まわりに似たような物がたくさんありながら、本当に必要なものがないことを譬える。実際に、海の水は塩辛く、そのままでは飲み水にならない。飲用にするためには塩分を除去しなければならず、容易にはできない。こうした状況は人間社会でも起こる。周囲にいるのはみなが凡庸な「ドングリの背比べ」で、傑出した者がおらず、苦境を乗り越えられないような場合などにも当てはまりそうだ。

他方、いわば反対に、あり余るところに同じような物をもたらしてしまうのが人間。もっとも知られているのが「屋上屋を架す」で、他に「川に水を運ぶ」とか、高いところに土を盛り上げる「高みに土」といったことわざの存在がそうした人間の存在を浮き彫りにしているといえよう。

見出しの句は、鎌倉時代の高僧・道元による『弁道話』で仏法を説く箇所で用いられているもの。たしかに海にいて水がないというのは言い得て妙と感心させられる。一見したところでは、特に珍奇ではなく、古くから継承されていそうな句でありながら、なぜか広まらず、途絶えていたものだ。

過ぎた事いえば鬼も笑う

冷酷無慈悲な鬼が冷ややかに笑うことわざには、上方系いろはカルタの「来年のことをいうと鬼が笑う」という未来を扱うものが知られる。明日《あした》がどうなるかわからないのに来年のことを言っても仕方がないからだ。見出しの句は過去版。過ぎ去った遠い昔のことを、ああだった、こうだった、といっても無意味なことで、人に馬鹿にされるのがせいぜいのところ。当人には、どんなに立派な栄光であっても無関係な他人には関わりのないことになる。ましてや、それが自慢話や愚痴であったら聞かされる者には耐えがたい。過去版は江戸中期の八文字屋本《はちもんじやぼん》の浮世草子『風流曲三味線』（第一）で使われていたが、大部なことわざ辞典類にもみられないものなので、どうやら後世には伝わらなかったことわざのようだ。

鬼が鼠に代わり、言い回しも少し変わった「昔の事をいえば鼠が笑う」という句も江戸後期にあった。こちらは鶴屋南北『御国入曾我中村《おくにいりそがのなかむら》』（第二番目三幕目）にみられるものの、やはり後世には伝わっていない。

逃げた猪の大を誇る

狩猟をしていた際、猪をみつけたので鉄砲を撃ったが逃げられてしまった。ああ、でかい猪だったのに惜しいことをした、残念！——ことわざの情景はこんなところだろう。人間の心理には、もう少しのところで取り逃がした獲物は、その損失感から実際より大きくなる心理が働くのだ。このことわざの適用範囲は獲物に限らない。チャンスを逸した場合や、いい結婚相手などの場合にも使われる。

この句は幕末の志士・吉田松陰の安政《あんせい》六年の岡部《おかべ》富太《とみた》郎《ろう》宛書簡で使われたものだが、どうも後世には伝わらなかったようだ。現代は、同じ意味のことわざで直ぐに連想されるのが図の「逃がした魚は大きい」（「釣落とした魚は大きい」ともいう）。こちらは、ごく自然に使われているが、西洋から入った外来のことわざの一つなのだ。一般には魚版がもっとも知られるが、他に「逃げたウナギは太い」とか、ナマズやコイなどもあって色々。魚版が幅を利かせているのは釣り針に掛かって間近にみえる臨場感が強くあるためであろうか。なお、図は戦後に発行され

た新案系のいろはカルタにあるもの。

おけらの水渡り

ものごとを途中で止めてしまうことの譬え。六十年近く前の筆者が子供のころは、親から買い与えられる玩具《がんぐ》は少なく、多くは自分たちで作ったり、自然界の昆虫などが遊び相手だった。おけらもそうした虫の一つであった。おけらとは、今では無一文のことという方が通りがよかろうが、コオロギに似た体長三センチほどのバッタ類の昆虫のこと。ふだんは地中にいるが、水の上を泳ぐこともできる。当時の子供たちは、おけら君を泳がせ競争させたもの。しかし、おけら君は途中で泳ぎを止めて休んでしまうのでありました。

鶏《にわとり》をして夜《よ》を司《つかさど》らしめ狸《り》をして鼠を執《と》らしむ

「狸《り》」を漢字の通りにタヌキだと読んでしまうと大誤解となる。「狸」は古くは中国で野猫のことだった。これは、「窮鼠猫《きゅうそ》をかむ」の中国での古い言い回しが「窮鼠狸《り》をかむ」であったことからも窺われる。従って、ここで言っているのは、鶏に時を告げさせ、猫に鼠を捕らせるというもの。意味は、持っている才能に応じて人を使うことの譬えとなる。こうした人の使い方は当たり前のようだが、実際は必ずしもそうではない。時には「烏を鵜《う》に使う」ような、人材を適切に使いこなしていないそうした現実も事実であるからだ。

尻《しり》に目薬

目薬は眼の病に用いるもの。それを尻に使っても何の効き目もない。それ以前に見当違いも甚だしいということになる。この句は、こうした見当違いの笑ってしまうような譬えだが、現実に起こるもの。実際にも、目薬の入った器と浣腸《かんちよう》液が入った器は似ていなくはない。慌てたり、ちょっとした思い違いは誤用に繋がる。目薬のような物や、具体的で眼にみえる物であれば、まだ間違いは起こりにくいが、外見で判断しにくい人間の場合だと容易ではない。類義の句には、見当違いな心配をする「踵《かかと》で頭痛を病む」などがある。

口を開くと腸《はらわた》が見ゆ

大きな口を開いてしゃべると口の中までみえてはしたない。おしゃべりを戒める意。ことわざ辞典には見られないものの、戦前の江戸系いろはカルタだけに三点ほど見られる。文例では一八四三年の心学の書『心学道の話』（第八編）に「『言葉多きはしなすくなし。』というて、私などのやうに、こんなに、ぺちゃぺちゃと、しゃべるものは、心のしれたもの。知らぬこと知つた顔していはしやるな口を開くとはらわたが見ゆ　詞といふは大事のもの、とかく、何からといふと、心安だてが過ぎると、終《つひ》、そそうな言葉も出る」とでている。

次ページの二つの図は戦前のいろはカルタと戦前の雑誌に載ったものだが、片方が大口を開けているのに対して、他方は口を閉じている。言い回しに即して表現したものと意味合いを表現したもの、と見て取れる。

第三章　人と人との関係

親子、夫婦、兄弟、あるいは、主君と家臣、男と女、自分と他人など、社会生活を営む人間の姿を表すものをあつめた。

人は、社会的な生き物といわれる。平安の貴族社会でも、鎌倉・室町の武家社会でも、そして江戸の町人社会の中でもそれは変わらない。だから、数百年も前に発せられたことわざが、時間を超え今に繋《つな》がる。

ただし、現代とは若干の違いもある。

親がわが子に教える姿は生身の教えだからより温もりがあり、リーダーたる主君は命がけの気構えだから部下に伝わり、男女の関係は互いが身一つの関係をもってするから格段に艶《つや》っぽい。

シンプルな時代の言葉には、本質が言い表されている。

それが、心に響くのであろう。

愚将の下に強兵なし

この句には、反対に当たるものが有名。「強将の下に弱兵なし」とも「勇将の下に弱卒なし」といったり、将のところを「猛将」「良将」「名将」としたり、兵のところを「臆兵」としたものなど多様な言い回しがあった。意味は、上に立つ者の力量の大きさが部下の能力を左右するとの譬《たと》え。中国の古典に「強将の手下《しゅか》に弱兵なし」とある表現がもとになって、室町時代あたりから、いくつかのバリエーションと共に日本で根付いていったものと推測される。

見出しの句は強将バージョンと対句となるもの。用例としてでてくる江戸期の随筆『駿台雑話』（巻四）に「この故に良将の下に怯卒《きょうそつ》（臆病な兵）なし。愚将の下に強兵なし」と用いられている。愚将の方にも「盲将の下に勇士なし」といったバリエーションが生まれている。良将にせよ、愚将にせよ、上に立つ者の影響力は下の者にとって大きいことに変わりはないというわけだ。

医者智者福者《ちしやふくしや》

井原西鶴の浮世草子『西鶴織留《おりどめ》』（四）には「世の宝は、医者智者福者といへり。中にも医者のなき里には住む事なかれ」とあり、この世で尊重される人の意で用いられている。また、江戸初期の随筆『慶長見聞集』（八）には「よき友は智者医者福者、老者には近くより添ひ親しみをなせ」とあり、智者医者福者を持つべき友達としている。

鎌倉時代の『徒然草』の一一七段には「よき友三つあり、一に物くるる友、二にはくすし（医者）、三には智恵ある友」とあり、自分に都合のよい三種類の友達について述べている。現代は物の豊かな時代だから、物をくれる友達はどうかと疑問に思うが、心の友は大事だし、医者も智恵ある者も同様だ。

見出しの句は「者」が付く名詞を三つ並べた単純な構成のことわざであるが、比喩《ひゆ》でいえば皮や肉を削ぎ落として骨だけにしたものに簡略化されている。

名詞を列記したことわざで有名なのが「地震雷火事親父」「女房鉄砲仏法」「芝居蒟蒻芋南瓜」などであり、シンプルな日本のことわざの特徴となっている。

君《きみ》飾らざれば臣《しん》敬わず《うやま》

人から尊敬されるには身なりを整え、言葉を磨き飾ることが大事だということ。室町時代の歌人・心敬《しんけい》の連歌論『ささめごと』（ささめごとの末）には「しかはあれど、君かざらざれば臣敬はずといへば、姿・言葉をかざらむ、歌道の肝用なるべし」とあり、歌道では姿や言葉を飾ることが肝心なことだとしている。身だしなみを整え、言葉使いに気を配るのは遠い室町時代にのみ通じたことではないし、歌道の世界に限られることだけでもない。広く現代社会にそっくり当てはまろう。とりわけ、外部との接触が多い営業部門では欠かせないはずだ。

意味が似たことわざに「馬子《まご》にも衣装」がある。こちらは、身なりさえ整えれば人の中身に関係なく立派にみえるというもので、物事や事態の現象をいうことわざだから見出しの句とは視点が違う。とはいえ、身なりがものをいうのは同じだ。

他方、外見ばかり整えて内面が伴わなければ実質的には意味をなさず、反対に「衣ばかりで和尚はできぬ」となるわけだ。

人もよかれ我もよかれ

他人にも自分にもいいようにみんなにとっていいことを望むこと。江戸後期の人情本『花《はな》の志満台《しまだい》』（第三篇巻中）に「夫《そ》りやア男へ面当《つらあて》に、死んで見せるとか。但し先の女と、食ひ合ふとか云ふ、無分別な仕方なら、幾干《いくら》もあらうが、他《ひと》も善《よ》かれ我も善かれ、親にも安堵させ、世間の人にも、賞《ほ》められようといふ仕方」とある。男女の間の諍《いさか》いの円満な収め方として用いられている。

この句のような他人にも自分にもいいとすることわざは、ごく少数派。わずかに「人の楽しみを楽しむ時は人もまたその楽しみを楽しむ」というものがあげられる程度で、これは人の楽しみに同調すれば相手も同調する意になる。

これに対して、自分だけよければいいとすることわざは多く、「人の子の死んだより我が子の転《こ》けた」という身内第一主義のものや、「人の屁は臭いが我が屁は臭くない」のような身勝手なもの、「人は悪かれ我善かれ」という自己中心的なものがある。見方をかえれば、それだけ人間は自分本位な存在ということになるが……。

三つ叱って五つ褒め七つ教えて子は育つ

叱るのが三度、褒めるのが五度、そして教えるのを七度やって、やっと子供は育つというもの。七五三を逆に使った上で、七五七五のリズムにのせたリズミカルな耳によく響くことわざといえよう。ただ、ここの数字が妥当かどうかは議論の余地があるかも知れない。というのも、この句に先行するものとみられる道歌に「可愛くば五つ教えて三つ褒めて二つ叱りて善き人にせよ」と詠むものがあるからだ。

両者の違いは数字だけではない。大きな違いは、後者が教育の方法を具体的に示している点だ。まず、教え、そして褒める点を褒め、その上で過ちを正そうとしていると考えられる。対して前者は、叱り・褒め・教えの割合をいった児童教育の基本を示していると考えられる。

ところで、ことわざには数詞がよく使われる。数字が伴うことによって具体化するからだ。特に日本のことわざは、抽象的な語句を避け、比喩をもって表現される傾向がある。その点で、この句は巧みな数詞使いのことわざといえよう。

三人行う時、必ずわが師あり

『論語』（述而）に、ことを三人で行えば自分以外の二人のすることに見習うべき手本がある意の「三人行えば必ず我が師あり」との句がある。他人の言動を他人ごととせず、いいものは見習い、悪いものは反面教師として、自分の中に取り入れていけとの生き方を示している。見出しの句は、戦国時代の北条早雲《ほうじょうそううん》の家訓書『早雲寺殿廿一箇条《そううんじどのにじゅういっかじょう》』の交友について述べたところに「人の善悪、皆友によるといふこと也。三人行時、必我師あり」とでてくる。『論語』の文句を誤記したか、覚え違いをしたものかも知れないが、意は十分に伝わるし、言い回しも、むしろ明確だ。

人が社会に生きている限り他人との関わりを度外視することはできない。ものの見方にもよろうが、ある意味で煩わしい対人関係なるものを排斥するのではなく、逆に、積極的に取り込み、活用してしまおうという発想をいっているのが、このことわざの本意とみたが、いかがであろうか。

親の打つ拳《こぶし》より他人のさするが痛い

親が拳で打ちつけるより、他人が優しく撫《な》でてくれる方が痛みを感じるとの親の愛情の深さをいうことわざ。近松門左衛門の『釈迦如来誕生会』(三) にある。

日本人の他人観には、「他人は恐いもの」「他人の飯には骨がある」というように、他人に対する警戒心が強くある。それゆえに、他人の家で働くということは「他人の飯を食う」「他人の中を見てくる」ことで実社会の訓練の場にもなる。どれにせよ、他人は自分にとって厳しい存在であることに違いはない。

特に、子供の目から親と他人を比べれば「親の欲目他人の僻目《ひがめ》」で、親は子を実際以上によくみるのに、他人は実際以上に悪くみる。しかも、ことわざでは親が子供をみる目は偏ったものが多い。「他人の善人より子の悪人が可愛い」では我が子はたとえ悪党であっても善良な他人の子より可愛いというし、「他人の子の利口なより阿呆な我が子が可愛い」では、自分の子は馬鹿でも利口な他人の子より可愛いともいうのだから、呆《あき》れるほど我が子びいきするのが親だということになる。

馬は伯楽に遭って千里の麒麟《きりん》となる

伯楽は、もともとの意は馬を見分ける名人のこと。転じて育《はぐく》むことが上手な人。麒麟は中国の神話上の動物で獣類の長。頭には角が生え、顔は竜、体は鹿に似て、五色の毛並みに彩られ、牛の尾と馬の蹄《ひづめ》がある。普通の馬でも育て上手に出会えば千里も走る麒麟に変身するというもの。もちろん、現実に馬が麒麟になるわけはなく、せいぜい並みのサラブレッドがダービーを制するくらいが関の山なのだろう。ようするに、教育や指導が占める役割は重要だということだ。

この句は、江戸後期の『絵本金花談《えほんきんかだん》』（巻一）に「君が己を知り給《たま》ふありがたさに、非義と知つて諫《いさ》めず、不忠と知つて不忠を仕《つかまつ》る、是所謂《これいわゆる》馬は伯楽に逢うて、千里の麒麟となる道理なり」と用いられている。

これを裏返したようなのが「千里の馬も伯楽にあはねば駑馬《どば》にも劣る」という句。明治期の服部撫松《はっとりぶしょう》の文学『稚児桜』（五）の中で使われていたことが確認できるものだが、どちらも現在は耳遠い。

黒焼きにせねど小判はもっと効き

黒焼きの正体が何かわからないと何をいっている語句なのか、理解するのが難しい。黒焼きとはイモリを黒焼きにしたもので惚《ほ》れ薬とされた。要するに小判は黒焼きにしなくても相手の気持ちを向けさせるには、もっと効果があるというもの。相手の心をつかむのは金という薬で、惚れ薬のイモリの黒焼きより効能あらたかのようだ。江戸後期の十返舎一《じっぺんしゃいっ》九《く》『(方言修行)金草鞋《かねのわらじ》』(三編)に「俺《わし》は此の下の黒焼屋で井守《いもり》の黒焼を買ふて、去る所の女に振りかけたら、其女が無性《むしょう》に俺の方へ食ひつくさかい、合点が行かぬとより〳〵聞いたら、黒焼屋で間違へて鵞《あひる》の黒焼であつたそうな」とあって、見出しの句を踏まえて語る場面で使われている。

類句としては、「黒焼きにせねど小判は惚れ薬」という江戸時代の川柳があげられる。こちらの方が、惚れ薬の語句がある分だけ理解しやすいかも知れない。それでも、どっちにせよ、黒焼きがイモリだと知っていないと句の面白味はわからない。

人を知らんと思わばまずその友をみよ

鎌倉時代の尼僧・阿仏尼《あぶつに》の『庭の訓』の友達選びの箇所に「直き人に交れば、自からに直くなる。又其人《その》を知らんと思はゞ、先その友をみよと、孔子ものたまへり」とでてくる。たしかに良し悪しの別なく、友に感化されることはよくある。「親擦《ず》れより友擦れ」ということわざがあるように友の影響力は親よりはるかに強い。人が善くも悪くなるも友次第という「善悪は友による」とのことわざも広く知られる。見出しの句は、人の鑑別法として、直《じか》に対象となる人をみるのではなく、まわりの交友をみよと勧めるもの。「人はその友によって知られる」とか、「交わる友を見てその人柄を知る」とのことわざがあるように、どうやら、友をみればその人はわかるものと認識されているようだ。

友達をみて人を鑑別することわざは古くからある。「其の子を知らざれば其の友を見よ」は中国の『荀子』(性悪)にある子供バージョン。同じ中国の古典『史記』には「子」を「人」にした大人バージョンの「其の人を知らざれば其の友を見よ」もあった。

善人の敵とはなるとも悪人を友とする事なかれ

善を勧め悪を懲らす「勧善懲悪」の思想や、「善は急げ悪は延べよ」「善を見ては速やかに行い、悪を見てはたちまち避けよ」のことわざは、善行はすぐに実行して悪行はするなとの教え。こうした善を勧め、悪を退けることわざは少なくないが、見出しの句は、中でも抜きんでている。いや、厳密にいえば、善は勧められてはおらず、悪が断固として拒絶されているというべきだろう。たとえ、善なる人と敵対する関係になっても、それより悪人と交わるなというのだから言っている内容は激しい。

この句は、鎌倉時代の家訓書『北条重時家訓』にみられるものが、登場時期としては早い。その後も幾度か用いられている。その中の一つが室町時代の蓮如《れんにょ》上人の『蓮如上人御一代聞書』にある。善知識に親しめと勧める箇所に「その人を知らんと思はゞ、その友を見よと言へり。善人の敵とはなるとも、悪人を友とすることなかれ、といふ事あり」と記されている。なお、見出しの句の表現は、やや古風なので「善人の敵となるも悪人の友となるな」としてもいいだろう。

親しき中には垣を結え

親密な間柄であってもしかるべき礼儀は欠かせない、との意のことわざ。同じ意味で有名なのが「親しき仲にも礼儀あり」で、言わんとすることを直截《ちょくせつ》に表現した、飾りや比喩もない至ってシンプルな言い回しのものだ。ただ、言い回しに文句を付けるようだが、単純過ぎて味わいに欠けるように感じる。

その点、見出しの句には比喩が用いられひと味違った趣が窺える。親しい人との間に礼儀といった抽象的なものではなく、具体的で目にみえる垣根を作って接せよというもの。江戸期の文献にみえていることわざなので、ここの垣根は竹を組んで作るものだろう。竹の垣根であれば間仕切りはできても竹の組み合わせの間には隙間がある。つまり、垣根を間にしてもお互いの顔はみられるし、声も交わせられる適度な関係を作りだせるというわけだ。この句は、江戸期の国学者・橘守部《たちばなもりべ》『待問《たいもん》雑記』に「あまり疎《ウト》ぶるも又あしけれど、常の情をおろそかにだに見えずば、親しき中には垣をゆへ、といふ諺のやうにうとからず、狎《ナレ》過ず款交《モテナシ》て」と用いられて

いる。図は明治時代のいろはカルタの一種で画家の結城素明が描いたもの。

父教えざれば子愚かなり、教えれば鼠も酒を買いに行く

きちんとした教育をすれば、たとえ鼠のようなつまらないものでもお遣いくらいはできる。反対に、教育されず放っておかれた子供は賢くならないというもの。この句は江戸期の心学の書『売卜先生糠俵《ばいぼくせんせいこぬかたわら》』（後編十二）にある。鼠が酒を買いにいくというのは、ことわざ特有の誇張だが、譬えとみれば、なかなか面白い。対句形式になっているのは、前半が江戸期の常用句であり字句が糞《くそ》真面目に映るものなので、後半で茶化す言葉を対置して面白味を作り、語句全体にふくらみをもたせたのかも知れない。

子供は徹底的に教育せよとの意の「馬は飼い殺せ、子供は教え殺せ」とのことわざがあるように、子供の教育にことわざは熱心だ。「千金を子に譲らんより一芸を教えよ」は、財産より能力の養成を勧めるもので、これはなかなか説得力があるものだろう。中国の古典に発し、日本では『天草版金句集』にある「父母その子を養って教えざるは是その子を愛せざるなり」に至っては、子供に教育しないのは子に対する愛情がないからだと激烈だ。

情けは人の種

この句でいう情けは、他人に対する同情や親切心。他人を思いやる心。こうした情けこそが人間としての根幹だとするのが見出しの句の意味で、情けを肯定的に捉《とら》えているのが特徴。近松門左衛門の浄瑠璃『信田小太郎《しだのこたろう》』(第三)に、移り変わりの激しい浮世の中で「情けは人の種ぞかし」と用いられている。同じく情けを肯定的にみるものでは、「人は情けの下に住む」が知られている。

他方、情けを否定的に捉えたことわざは多い。人は世間から隔離してない限り、大なり小なりの情けの下に社会を営まざるをえないのだが、そうは言っても一筋縄でいかないのが浮世の世渡り。へたに情けを掛けようものなら、「情けを掛ける者には油断するな」と警戒され、「情けも恋も面一皮《つらひとかわ》」と上っ面だけで実質のなさを見抜かれたり、情けの言葉掛けより実質が大事とする「情け掛けるより燗鍋かけよ」といわれるかも知れない。さらには、情けが過度になればかえって相手の迷惑となる「情けも過ぐれば仇」となってしまうこともあろう。まことに「情けない」限りとあいなる。

子の可愛いのと向《む》こう脛《ずね》の痛いのは堪えられぬ

親が子供を可愛いくて可愛いくて仕方がないと思うことの譬え。向こう脛は弁慶の泣きどころといわれ、物にぶつけたり、打たれると激しい痛みを伴う部位だが、そんな箇所と親の子供への愛情を一つに合わせた表現のことわざだ。

「子供の可愛さ」と「打たれた向こう脛の痛さ」というのは、直接はなんの関係もない。共通するのは、可愛さの最高と、痛さの最高という要素につきる。ここには、一見まったく関係のないもの同士を並べて問いかけ、締めで回答するやり方が取られているとわかる。以前に触れた三段なぞと呼ばれるもので、「子の可愛い」と掛けて、「向こう脛の痛い」と解く。そのこころは、「堪えられぬ」となるという次第。

「何々と掛けて」と「何々と解く」との関係がみえにくく、両者の落差が大きいものほど、なぞなぞとして面白いことになる。これも日本のことわざの特徴の一つだが、こうしたなぞなぞを取り込んだ技法が面白いことわざを作りだしているのだ。

地獄にも近づき

「近づき」は親しくなること、知り合い。ここでは地獄のような酷薄なところでも知り合いはできるとの意。また、見知らぬ遠隔の地でも知人に巡りあえること。

ことわざの後半を「知る人」とするバージョンも多くあり、「友達」も一例ある。前半の地獄が冥土《めいど》に変わった「冥土にも知る人」との表現もあった。室町期の狂言に現れはじめ、江戸期には常用となっていた。井原西鶴の浮世草子『好色一代男』(四)や、鶴屋南北の歌舞伎脚本・洒落本《しゃれぼん》・噺本《はなしぼん》・人情本など広範にみられる。

これらのことわざには、現在ある場を肯定的に捉え、そこに意義を見出《みいだ》そうとする考えが窺える。意味は異なるが、住んだところをよしとする「住めば都」に発想が通じているといえよう。

人の愚行や浅はかな考えなどを批判的に捉え嘲笑《ちょうしょう》することわざは多い。多いというより、そうした人を笑いのめすのがことわざだとする考えさえある。その点、このことわざはプラス思考を持つ少数派に属するものと思われる。

親擦《ず》れより友擦れ

「友擦れ」とは友との交際によって世間なれすること。また、仲間に混じって悪ずれすること。句の意味は、交わる友による感化力には親はとうてい及ばないということになる。友の影響は、一般的にはよいものもあるだろうが、ここでは悪いケースが想定されている。「親擦れ」という言い方は耳にしないので、恐らく、友擦れに音をあわせたり、韻を踏ませるために作りだされたものかと推測される。

同音や類音を重ねたり、繰り返すやり方は、ことわざの得意技。「天知る、地知る、我知る、人知る」は、「知る」を四回も繰り返して、他人は知るまいと思っても天地の神々はご存知だし、自分もお前も知っている。だから、不正なことは必ず露見するということを強調しているものだ。「昔の何がし今の金貸し」も「かし」の音を重ねて語調を整え、ことわざらしさを作りだしているもの。筆者は、こうしたことわざの技法を同音反復法と名付け、日本のことわざの顕著な特徴だとみている。

親馬鹿ちゃんりん蕎麦《そば》屋の風鈴

親が子を溺愛《できあい》する愚行をいう。いわゆる親馬鹿を揶揄《やゆ》すること。「ちゃんりん」は風鈴の音で、「りん」と「鈴」が韻を踏んだものになっている。ここでいう蕎麦屋は江戸時代の上等な方の屋台の蕎麦屋で、当時、かけソバしかださない下級の夜鷹《よたか》蕎麦屋と区別するために風鈴をつけたのだそうだ。

言葉の由来は、秋田民謡の「お山コ三里」にある「お山コ　サンリーン、お山コ　サンリーン」のくだりが、明治十年ころに流行した「おやまかちゃんりん節」の歌詞「串をさしたがる煮込みのおでん、やっぱり士族の商法だんべ、おやまかちゃんりん」へと変化しながら生まれたもののようだ。「おやまかちゃんりん」は「ちゃんちゃら可笑しい」と音が似ている点を利用して風鈴の音を掛けたものだろう。蕎麦屋の風鈴とちゃんりんの音が加わることによって親馬鹿の愚かさが際立つようになるばかりか、ことわざとしてもいい意味で遊びの要素が加わり、より「ことわざらしさ」が生まれていると考えられる。

指が汚いとて切っては捨てぬ

自分の指が汚れて、ちょっと洗ってもきれいにならないからといって切り捨てるわけにはいかない。同じように、身内や兄弟に世間に顔向けできないような不祥事を起こした者や、悪党がでたからといって縁は切れないという譬え。身内を五本の指に譬えた「兄弟は五本の指」「五本の指で切るにも切れぬ」という句もあるように、どんな指でも大切なものとの認識が示されている。当時の社会の家族観の一端が窺える資料として注目したい。

指を切除する風習は江戸時代にはたしかに存在した。遊女が客に対して愛情を抱いている証拠として小指を切って示すもの。これを絵に表したのが次ページの図のいろはカルタの「嘘から出た真」の遊女が描かれた絵柄のものだ。剃刀《かみそり》を振り上げ指に打ち下ろそうとしているものなどが残っている。指を切るのは、暴力団でも行われた習慣で謝罪や抗議の意思表示であった。

しかし、このことわざは、遊女や暴力団員が指を詰めるのとわけが違う。江戸期の常用ことわざの一つで、紀海音《きのかいおん》の浄瑠璃『おそめ久松袂《たもと》の白しぼり』（上の巻）などで用いられている。言い回しが微妙に異なる「指むさしとて切って捨てられず」などもある。

男を何人も相手にする遊女は、本命の男には小指を切って渡して真《まこと》の愛を示したという。

憎々《にくにく》の腹からいといとの子ができる

これもちょっと謎めいた句だ。現代では使われない「憎々」や「いといと」との語があるためだろうが、それだけではなさそうだ。このことわざには、いく通りかの微妙に異なる言い回しがある。「憎々からめごめごが出る」ともいうが、これもよくはわからない。難解な語を補足説明すれば「めご」は可愛いの意。江戸時代の最大の俚諺《りげん》集『譬喩尽《たとえづくし》』にあるのが「憎い腹から愛愛《いといと》が出る」で、ほんの少しわかりやすくなる。つまり「いといと」は愛しい意。用語が現代と同じになる「憎い嫁から可愛い孫が出る」との言い回しとなれば言葉上は理解できる。

それでも、なぜ、そんなことを言うのか疑問は残る。そこには、嫁と姑のバトルという長い歴史と深い深層心理があるからだ。「姑の文《ふみ》で嫁憎い」という句がある。文が「読みにくい」ということを「嫁憎い」に掛けた洒落。つまり、ことわざにあっては、姑にとっての嫁は義理の娘ではあるものの、憎しみの対象になるからだ。見出しの句は、嫁は憎くても孫は可愛い存在となる姑の屈折した心理を言い表しているとわかる。

兄弟は左右の手

兄弟は両手の左右のように互いに協力し合わなければならないということ。中国の古典に発し、古くは兄弟《けいてい》と読まれており、鎌倉時代の金言集などでは「けいてい」といっていた。その後、江戸時代にいくつかの異形が生まれた。「兄弟は手足の如し」「兄弟は両の手」「兄弟は五本の指」「兄弟は車の両輪」などで、いずれも兄弟の仲を肯定的にみるニュアンスがあり、明治期の修身の教科書などにも載り、戦前までしっかり生きていた。

日本で兄弟に関することわざといえば、「兄弟は他人の始まり」があまりにも有名。たとえ兄弟でも成長に従って疎遠になり、他人のようになる意のものだから、こちらは兄弟の仲を否定的にみるものになる。こちらは日本生まれのもので、江戸時代のはじめころから常用され続け、文献にでてくる頻度でも類を圧倒している。意味の似た句には、因縁が浅く現世だけの繋《つな》がりとする「兄弟は一世」などもある。なぜ、肯定的なものから否定的なものに転換したのだろうか。残念ながら具体的な裏づけとなる資料は見当たらないが、日本の家族論を考えるにあたって興味あるテーマといえよう。なお、図は明治時代の修身の教科書『修身入門』（末松謙澄《すえまつけんちょう》・明治二十五年）にある「兄弟は両の手」のもの。

女子の下口《したくち》は好しと雖《いえど》も災いをなす

女との色事はよいものだが、災いともなるということ。下口は女陰の隠語。たしかに横から見れば唇を結んだ形に見えるし、口腔と喉は腟に相当しそうだ。ことわざで女陰を正面から批評した例は少なく、これは珍しいもの。文例は一八七四年の服部撫松『東京新繁昌記』（麦湯）に「柳橋の怪獣其の芸価を論ぜば鳴蚓の一声に如かず。猫の繁昌も亦た其の尻を先にし、其の面部を後にす。真に尻は則ち金匣也。猫皮薄しと雖も尻に金有るに頼つて能く破裂せず。亦た奇ならず乎。乙曰く、旧雪駄（雪駄は尻に金属有り）廃して新雪駄行はる。是れ亦た一新中の一物。娘他の口を掩ふて曰く、這の口悪む可し。甲曰く、男子の上口は悪しと雖も敢へて害を為さず。女子の下口は好しと雖も能く災を為す」とある。男の口と対をなす形で用いられている。

泥棒と三日いれば必ず泥棒になる

付き合う人の影響は強いとの譬え。この意の周知のことわざが「朱に交われば赤くなる」。もともとは中国のもので「墨に近づけば黒くなる」とつづき、色彩に影響をなぞらえている。植物にたとえたものでは「藪の中の荊」という言い回しもある。藪《やぶ》の中のイバラは他の雑草がじゃまになって真っ直ぐ伸びないというもの。反対によい影響をもたらす例が「麻の中のヨモギ」。真っ直ぐに伸びる麻に影響されヨモギも真っ直ぐ伸びることかららいう。

環境の影響力の強さをいうことわざは世界中にある。「狼に付き合えば吠え方も教わる（英語・スペイン語）」といっている。他の動物にたとえたものには「白鳥といれば白鳥に、カラスといればカラスに（タイ）」「サギの群れにいればサギに、カラスの群れにいればカラスに（ラオス）」「ラバの後をついて行く人は灰の中に転がる（カザフスタン）」「ロバを並べて繋げると相手のたちがうつる（アルメニア）」「一晩鶏小屋で寝れば暁《とき》には鬨（チュニジア）」とある。植物のものでも「瓜を見て瓜は色づく（パキスタン）」「曲がった木と隣合わせると真っ直ぐな木も曲がってくる（セルビア）」などとある。

見出し語は明治三十九年五月十九日の夏目漱石の書簡（高浜清《たかはまきよし》宛て）に「卒業論文をよんで居ると頭脳が論文的になって仕舞には自分も何か英語で論文を書いて見たくなります。決して猫や狸の事は考へられません。僕は何でも人の真似がしたくなる男と見える。泥棒と三日居れば必ず泥棒になります」とでてくる。ことわざ辞典にも実際の文例も見当たらないので漱石の創作であるかもしれない。ただ、インドネシアに「泥棒と交われば泥棒になり、学者と交われば学者になる」との言い回しがあるように着想としては思いつきやすい類《たぐい》ではある。

第四章　人間とはこういうもの

人間社会の本質に通じるもの、人の性《さが》に関することわざをあつめた。

もう少し正直に言うと、高尚なものから下世話なものまで、人に関することわざを雑多に扱うのがこの章である。

人の本質というのは、どうやら簡単には変わらないようだ。金のあるところにあつまり、ケンカをし、大事な話を下ネタで混ぜっ返すような者がいる。

なんだか身も蓋《ふた》もないが、それでもみんな頑張って生きている。

社会の波風に耐えつつ逃げださず、ほのかな恋心に胸を焦がし、我が身の死についても考える。

人を扱うことわざは、人生を描く言葉である。

十人十色。それこそ雑多な人間の生き様を、雑多なことわざで楽しんでいただきたい。

千兵は得やすく一将は得がたし

大将の下で働く兵卒を大勢あつめることは容易だが、優れた将となると一人もなかなか得られないということ。これも類句がいくつもある。もっとも古いのは中国の古典にあるもので「千軍は得やすく一将は求め難し」。日本では、「万卒は得やすく一将は得難し」とか「万」を「百」に代えた言い回しが知られていた。

見出しの句の用例は、江戸期の思想家・松宮観山《まつみやかんざん》の『武学答問書』（巻上）に「又、千兵は得やすく一将は得がたしと申候へば、将たるの器は得がたきことを思ふて、常に其器《その》を愛し給ふべきこと勿論に候」と用いられている。江戸時代以前の用例は確認できていないが、金言集の類には室町時代の『句双紙《くぞうし》』にみられるし、同時期の別の金言集にもとりいれられている。しかし、どういうわけか、見出しの句の言い回しは、江戸時代以降には伝わらなかったもようだ。伝わらなかった原因は、明確ではないものの、敢えて憶測すれば、「万卒」や「百卒」のものが新たに生みだされ、それに取って代わられたとの見方だ。個々のことわざの命は決して永遠ではないとみられるからだ。

鳴く蟬より鳴かぬ蛍が身をこがす

平安時代の『後拾遺和歌集』(三夏)には、源重之《みなもとのしげゆき》の「音もせで思にもゆる蛍こそなく虫よりもあはれなりけれ」との歌がある。音色にださない蛍の思いは、鳴く虫より思いが切実だということだ。

この歌をもとに見出しの句はできたとみられる。自分の思いを音にだして騒がしく鳴く蟬よりも、自分でだす光でもって我が身をこがすような蛍の思いの方が熱い、というもの。何とも奥ゆかしい情感の調べだが、これは日本人が好ましく思う感性に根差していると考えられる。

「言わぬは言うに勝る」という句がある。意味としては、口にださずに黙っている方が、口にだすより思いが深いこと。また、喋るより黙っている方が相手に気持ちが伝わり、かえって効果的だというもの。こうした考えは『源氏物語』などの平安時代の文学で用いられ、末長く継承されてきた。見出しの句は、まさにこのことわざを虫で優美に譬《たと》えたものといえる。

生物知淵《なまものしりふち》へはまる

中途半端な知識が災いして身をあやまることの譬え。「生物《なま》知り」は、いい加減な知識しかないのに知ったかぶること、また、そうした人を指す。ことわざの元々の情景は、土地に精通しているという人が、知人と一緒に暗い夜道を歩き、この川のここらあたりが危ないから注意しなさいよ、といった当人自身が川へ落ちてしまったというもの。

いい加減な知識がかえって災いとなることわざでは、「生兵法大疵《なまびょうほうおおきず》の基」が武道版として知られるが、見出しの句は文化版といえそうなもの。具体的用例では、江戸期の怪談小説『怪談登志男《としおとこ》』（巻五の二十五）に「近き頃は世人小賢《こざか》しくなりて、生物《なま》知淵へはまるといへる諺のごとく、口にまかせて鬼神はなきもののやうに罵る」と、神仏のごときものを人々が信じなくなったことを危ぶんで用いている。

このことわざには言い回しが少し異なるバリエーションがいくつもある。もっとも早い時期のものが江戸前期の仮名草子『為愚痴《いぐち》物語』の「生物知り川へ流さる」、その他、「生物知り堀へ入る」「生物知り川へはまる」などがみられたが、どれも近代には姿をみせていない。

川中には立てども人中《ひとなか》に立たれず

流れの速い川の中に立つことは易しいことではないけれども、それでも人間社会で生きていくことに比べれば、まだ、易しいということ。川の中に立つとは、川の中を歩いて渡るため。昔は、橋が架けられていない川や渡し舟のない川は少なくなかった。歩いての川渡りでも浅く、流れが緩やかであればそれほどは難しくないだろうが、速ければかなり危険。そんな危険な川渡りより、実社会で生き抜くことの方がもっと難しいとことわざはいっている。この句は江戸前期の近松門左衛門の浄瑠璃『三世相』（第三）で用いられ、後に明治期の高山樗牛《たかやまちょぎゅう》『巣林子《そうりんし》の女性』（一）にもみられる。

世渡りに関することわざは大変多い。ことわざは処世訓だとの見方もある。見出しの句は、数ある世渡りことわざの中でも、韻を踏んだ「綱渡りより世渡り」などと共に印象度の強いものだろう。というのも、「中」と「立つ」の音が繰り返されてことわざとしての語調が整い、聞く者の耳に響いてくるからだ。

人形遣いの人形に遣わる

人を使うことは気苦労が多いということの譬え。人形遣いは巧みに人形を操るが、人形に遣われるほどの人間となると文楽あたりになるであろうか。文楽では複数の操り手（黒子）の連携が難しいようで、人形の動きが精緻《せいち》で臨場感にあふれていればいるほど、遣い手側の気骨は折れることになるようだ。

この句は江戸中期の心学の書『売卜先生糠俵《ばいぼくせんせいこぬかたわら》』（後編下）に「我等夫婦に子一人、纔《わずか》三人の口過せんとて、大勢の人を抱へ、人形遣ひの人形に遣はるゝごとく、年中此人に遣はるゝ」とみえて、使用人を遣っているのに反対に使用人に遣われている様子が描写されている。現代社会でいえば、社長という立場は気苦労が絶えず、まるで社員に使われているようだ――という形になろうか。

これまで、人形遣いが登場することわざはなかったが、このことわざも残念ながら後世には伝わっていない。現在あるのは「人を使うは使われる」という形になるが、これとてそうは使われていない。

錦にくるまるも菰《こも》を被《かぶ》るも一生

錦は絹を材料として織った織物。菰はワラなどで織ったムシロ。つまり、きらびやかな錦織を身に着けて豪勢に暮らしても、反対に粗末なムシロを被って惨めに過ごしても、どちらも同じ一生だということ。要は、その人の心掛けや態度、意欲やものごとに対する姿勢の持ち方が影響するという見方の人生論といえるものだ。

この句は、明治から昭和初期にかけて活躍した小説家・小杉天外《こすぎてんがい》の『魔風恋風』（子爵の養子六）に「失敗して窪《へこ》む様な意気地無しなら山刀《なた》で睾丸《きんたま》切つて了《しま》への、錦に括《くる》まるも菰《こも》を被《かぶ》るも一生は一生だ、何《ど》うせ遣《や》るなら大きい事を遣れなんて、嗾《けしか》ける様な事ばッかし云ふもんだからね」と用いられている。何とも激烈な言い回しである。

類句としては「泣いて暮らすも一生、笑って暮らすも一生」が、現代は知られる。また、言っている内容に似ているところがあるのに異なる意の句もある。「蛇も一生ナメクジも一生」という句は、境遇や能力に違いはあっても人の一生に違いはないというものだ。

用いる時は鼠虎になり、用いざる時は虎鼠となる

人は大事な地位に登用すれば本人が持っている能力以上の仕事もこなすが、逆に登用しなければ持てる能力も発揮できないとの譬え。機会がえられれば能力以上が発揮されるが、えられなければ能力は発揮できないということ。人の能力や力というものは、そのままでは目にもみえず茫漠《ぼうばく》としているものだが、それを発揮できる場や機会があってはじめて目にみえ、認識されるものなのだ。

強大な虎と弱小な鼠を対比して能力の使われ方を印象深く述べているこの句は、古くは中国の古典にある。日本でも鎌倉時代からみえており、その後も江戸時代まで比較的よく用いられていたものだ。

類句もいくつかある。「時に遭えば鼠も虎になる」は江戸初期にいわれた句で、機会との巡りあいに重心が置かれているもの。譬えを人間にしたものでは、「孔子も時に遭わず」という、孔子のような高い能力の持ち主であっても、時勢にあわなければ埋《うず》もれてしまうという意のものなどがあった。

香餌《こうじ》の下《もと》に死《し》魚《ぎょ》あり

古くは中国の古典『三略』に発し、日本でも鎌倉時代の『管蠡抄《かんれいしょう》』や『逆耳集《ぎゃくにしゅう》』といった金言集に「香餌の下には必ず死魚あり、重賞《じゅうしょう》の下には必ず勇夫あり」の対句が載せられていた。いい匂いのする餌の下には、誘惑され死んだ魚がいるし、高額な褒賞《ほうしょう》には勇ましい兵士が現れるというもの。利益のためには危険は顧みられないとの譬えになる。

見出しの句とよく似たものも古くから知られる。「香餌の下には懸魚あり、重賞の下には必ず死夫あり」という句だ。どちらの句にしても「死魚」とか「死夫」といった耳慣れない単語が用いられている割に刺激が強く、心に響くものがある。

香餌が使われた二つの句は、江戸時代までは比較的よく使われたものであったが、明治以降は見聞きしなくなっている。その代わりかどうかはわからないが、似たニュアンスの「うまい話には罠がある」とか、「うまい話には裏がある」との言い回しが生まれている。どちらも現代人には説明抜きでわかるものだが、いくぶん平明すぎて面白さに欠ける気がするが……。

情けには鬼の角も折れる

情けに関連したことわざは多くあるが、中でも「人は情けの下で立つ」ということわざは、義理と人情を規範とする日本人にとって、ある種、象徴的な存在だ。ことわざの意味するところは、人の世がいたわりや感謝や同情の意の人情によってなりたっているというもの。人が社会生活を営むにあたって、良好な人間関係を築き、それを維持する根幹の概念は人情だとこのことわざは言っている。

徳が儒教的な根本をなす思想であるとすれば、情けはある時期の日本人にとって社会の根幹をなす思想だった。よく知られる「情けは人のためならず」のことわざも、こうした人情を踏まえて成り立っているものだ（情けは巡り巡って自分に返ってくるという意）。もっとも、かつての考えであった助け合いの精神に代わって、情けを掛けるのはその人のためにならないから止めるべき、という解釈が多数派になっている現代ではあるのだが……。

見出しの句は、鬼のような冷酷な人でも、掛けられた情けに対して、心が和らぐというもの。古い用例は見当たらず、明治期の小説家・菊池《きくち》幽芳《ゆうほう》の『己《おの》が罪』（前篇二十八）にみられる。

言い出し、こき出し、笑い出し

「こき出し」は「屁を放《こ》く」意でおならをすること。何か臭いぞと言い出した者、笑ってごまかそうとした者がおならをした張本人だということ。余分に手を回し過ぎたために、かえって怪しまれ隠し事を自分から暴露する譬え。

この句は、放屁《ほうひ》して騒ぎたてる様子を描いているが、ことの発生から時間の流れでみると言葉の順番が違う。まず、こき出しが最初でなければならず、次が言い出しとなり、最後が笑い出しでなければならないはず。他方、言い出した者の周りにいる人の立場でみると、最初に誰かが口に出したことを聞いて、はは〜ん、何だな、と見当を付ける。そして、言い出した者が笑い出したのをみて真相が明らかになるというわけで、この句は周囲にいる者の立場でいっているとわかる。

ごく易しい言葉を三つ並べただけのシンプルなことわざだが、ことわざ特有の技巧をみることもできる。「出し」の語を三回も続けることによってリズムを生みだして耳響きよいことわざにしており、こうしたことわざの技巧を「同音反復法」と呼んでいる。これには「見ざる聞かざる言わざる」「男は度胸女は愛嬌坊主はお経」「驚き桃の木山椒の木」などがある。

人間は四百四病《しひやくしびよう》の入物《いれもの》

四百四病とは、仏教において人が罹《かか》るあらゆる病気のことをいう。人体は地・水・火・風の四つの元素から構成されるが、それぞれが不調な時、百一の病気を生じるとされるので、合計すると四百四になるからだ。ことわざには数詞が多く用いられるが、その大多数は数字の裏づけをもたない。それに対して、この句は仏教に裏打ちされたれっきとしたものである点が見逃せない。

それにしても、人間は病気の入れ物だと断言されてしまうのだから、断言される人間の一人としては心穏やかではいられまい。この句は、浮世草子『武道張合大鑑』（巻二）に、「夜でも夜中でも俄かに目まひ絶入するか、胸が痛か腹をこわすか、人間は四百四病の入物、何時いかやうなる病が急に取つめて、頓死頓病する時」とある。色々な病に罹ったり、急死したりすることがある様子が述べられており、仏教の視点を離れたところでも「人は病の器」とみていたのであった。

死せる虎は生ける鼠に及ばず

闘ったらひとたまりもない相手の虎であっても、死んでしまえば比較にならないくらい小さな鼠にも敵わない。死んでしまえばお仕舞いで、何事も命があればこそということ。

この句は、滝沢馬琴の読本『隅田川梅柳新書《ばいりゅうしんしょ》』（巻三）にみられるし、同義で少し言い回しを異にする「死虎《しこ》は鼠生《そせい》にしかず」共々、馬琴の作品で用いられている。他に譬えを時間にした同義の「死して千歳《ちとせ》を歴《へ》たらんより、生《いき》たる一日《ひとひ》が優る」ということわざも馬琴は使っている。さらに古くは、かの『万葉集』（巻五）が「死にたる人は生ける鼠に及《し》かず」と人と鼠の関係に譬えているし、中国の古典に由来し江戸期のことわざ集の類《たぐい》にあるものには「死しての長者より生きての貧人《ひんにん》」というものもあって、種々の言い回しが使われていたことがわかる。

このようにことわざの世界では、生を肯定的に捉《とら》えるものが少なくない。その一方で、

「命は義によって軽《かろ》し」と、恩義や正義のために命を捧《ささ》げる思想を言い表す語句も存在しているのは、常に反対の意の内容も用意していることわざの面目躍如といえるだろう。

何でも屋にろくな者なし

明治の文豪・夏目漱石の『彼岸過迄《ひがんすぎまで》』（六）には、「『田川さんの前だが、欺《こ》う見えて盆栽も弄《いぢ》くるし、金魚も飼ふし、一時は画も好きで能《よ》く描《か》いたもんですよ』『何でも遣るんですね』『何でも屋に碌《ろく》なものなしで、とう〳〵斯《こ》んなもんになつちやつた』」とある。

一見すると、日本にあることわざかと思えるほど自然に使われているが、もともと西洋のもの。英語で、**Jack of all trades, and master of none.** と記され、「何でも屋は何一つ一人前じゃない」などと訳されている。実際には、何でも人並みにこなす人もいるが、あれもこれもと手をだす人に、図抜けた腕前や技をみることはなさそうだ。

見出しの句の言い回しが、明治時代にすでに翻訳されていたことわざか、あるいは漱石自身によるものかは、裏付ける資料を持ちあわせていない段階では、何とも言い切れない。

しかし、英語に堪能であり、自身の作品の中でよくことわざを使った漱石であることを考慮すると、漱石による翻訳の可能性は十分ありそうに思われる。

羚羊角《れいようつの》をかく

「羚羊《れいよう》」はカモシカ。カモシカは夜になって眠る時、角を木の枝に掛けて脚が地面に触れないようにして眠るという。それは、外敵から身を守るために自らの痕跡《こんせき》を残さないようにするものと伝えられる。この言い伝えから禅宗では、言葉や文字を頼りとせずに悟りを開くことの譬えとなる。また、詩文を綴《つづ》る技が巧みで、その痕跡が残らないほどに優れていることの譬えにもなっている。日本のことわざにカモシカが登場した例は知られていなかったので、この句は中国の古典『景徳伝灯録』(巻十六)に由来するとみられている。日本では、室町時代に二条良基《にじょうよしもと》による連歌学書『十問最秘抄《じゅうもんさいひしょう》』の冒頭近くで用いられているが、どうやら後世には伝わらなかったとみられる。

ことわざには植物より動物が多く用いられている。その中で鹿が登場することわざは日本でも多く、野生の哺乳類《ほにゅうるい》の中では五本の指にはいるくらいの数があがる。カモシカの実数は鹿に比べればはるかに少ないのだが、ことわざではゼロだったとは知らなかった。

主人に仕付けはならぬ

江戸中期の伊予大洲《いよおおず》藩藩士・大月履斎《おおつきりさい》の『燕居偶筆《えんきょぐうひつ》』（巻之上）に「世俗に、『主人に仕付はならぬ』と云へども、主人ほど仕付の入《いる》ものはなし」とある。引用文に「世俗に」とあるので、世間ではとか、一般にはとの意になり、江戸中期の当時に、主人といわれる人たちに対して躾《しつけ》はできないと認識されていたことがわかる。

しかも、その主人ほど躾が必要とされるというのだから、もどかしいというか、切ないというか、仕える側の立場を考えるとどこかやるせない思いがある。

独善的に育ち、家臣や家来のことなど眼中にない主人であれば、周りからの諫《いさ》めや忠告には耳を傾けまい。こうしたことはご主人様だけに限るまい。ほしいままに振る舞う人、頑固一徹な人、とりわけ専横な者などに当てはまろう。

また、「二十過ぎての子に意見」というように、いっぱしの大人になった者では意見をしても効き目はなく、すでに手遅れと認識される。「老い木は曲がらぬ」「矯《た》めるのは若木のうち」というように、性情や習慣などを直すのは若い時でないとうまくいかないようだ。

軽い返事に重い尻

はいはい、ただいま、と返事はいいのに、実際はなかなか行動に移さないことにいう。情景がまざまざと目に浮かぶ、日々の生活のことわざといえそうだ。

難しい用語もなく、すこぶる平易な表現だが、注意するとさりげなくことわざの技法が施されている。何々に何々、との形式はことわざの典型的な表現の一つ。この形式には二通りある。一つは「鬼に金棒」「蛙の面《つら》に水」「青菜に塩」のように、あるものの上にさらに別のものが加わる形の「添加形式」といえるもの。もう一つが「東男に京女」「京に田舎あり」といった二つのものを対比する「対比形式」のもの。見出しの句は後者だ。

また、この句にはさらにもう一つの技法もみられる。「軽い」と「重い」という反対の意となる語が、助詞「に」を間にして配置された「反意語組み合わせ法」といえるものが具《そな》わっている。「柿が赤くなると医者が青くなる」「楽を苦の種、苦は楽の種」「出舟によい風は入り舟に悪い」などがその例。さらに、しつこくもう一つある。「に」を境に前と後の語が体言止めになっており、これによって全体がリズムよく引き締まっているという次第だ。短い句ながら、ことわざの技法が詰まった好例といえよう。

生は一時の楽、死は万古の栄《ほまれ》

この言葉は幕末の思想家・吉田松陰の手紙の中にある句で、安政六年（一八五九）四月二日の野村和作宛のものだ。松陰は、老中の暗殺計画によって処刑されたが、松下村塾《しょうかそんじゅく》のもとで久坂玄瑞《くさかげんずい》・高杉晋作《たかすぎしんさく》といった倒幕の中心人物や、伊藤博文《いとうひろぶみ》・山県有朋《やまがたありとも》・品川弥二郎《しながわやじろう》など近代日本を担う人材を育成し、明治維新の精神的指導者として知られる人物だ。

この句は、死を限りなく誉あるものとみる、自らの命をなげうって国の変革に挑んだ松陰の思想の一端が垣間《かいま》みられるものだ。松陰の思想には、「死の哲学」ともいえそうな思念が窺《うかが》われ、それらは残された格言や手紙などにみてとれる。彼の格言には「死んだ後の業苦《ごうく》を思い煩《わずら》うな」「目先の安楽は一時しのぎと知れ」といった見出しの句に直結するような言い回しがあるし、高杉晋作への手紙にも、「世に身生きて心死する者あり、身亡びて魂存する者あり。心死すれば生くるも益なし、魂存すれば亡ぶるも損なきなり」「死して不朽の見込みあらばいつでも死ぬべし。生きて大業の見込みあらばいつでも生くべし」とある。

蒲焼《かばやき》の後でスッポンを食う

蒲焼といえばウナギの蒲焼のこと。平賀源内が土用の丑《うし》の日にウナギを食べることを鰻屋に提案し、キャッチコピーとして売りだしたことが、この日にウナギを食べるようになるはじまりとの説も知られる。また、浪費する意の「犬に蒲焼を食わす」という蒲焼を題材にしたことわざも江戸時代にあったし、浮気の意の「浮気の蒲焼」という言い回しも使われていた。つまり、蒲焼は滋養にあふれる食べ物として広く知られていたのであった。

他方、スッポンを材料にした料理も滋養強壮の高級料理として知られている。現在では生血はワインで割って飲用され、鍋《なべ》ものや雑炊にしてほとんど体全体が食べられる。ただ、スッポンに関することわざになると、スッポン自体を扱ったものは十五はあるのだが、料理のものは「鼈《すっぽん》汁を食う」の一つだけ。これとて、置き去りにされるという意のもので料理との関連は希薄だから、見出しの句はとても珍しいことわざといえる。

意味は、蒲焼を食べた後にスッポン料理を食べることから美食を続ける譬え。天然うなぎが希少となった現代からみれば、当時の蒲焼はさらに贅沢《ぜいたく》な料理といえそうだ。

命長ければ知恵多し

老いることなく長生きする「不老長寿」は、古代より人類の見果てぬ夢ともみられてきた。いうまでもなく、生あるものは必ず死ぬのだが、仙薬や錬金術によってこの夢は追求されてきた。一方、日本では、仏教によって果てしなく生まれ変わる意の輪廻《りんね》転生の考えが根付いたせいか、必ずしも長生きを希求しない思想が派生していた。その影響か、どうかは測りかねるが、「命長ければ恥多し」ということわざを生みだし、早くには鎌倉時代の『徒然草』（七）で用いられていた。また、藤原道長《ふじわらのみちなが》の栄華を題材にした歴史物語『栄花物語』（巻七）にも類似の意の「命長きは憂きこと」が用いられている。こうしたことわざは明治時代まで一貫して用いられていたもので、いわば、日本人の根源的な思想に関わることわざと言えるものだろう。

見出しの句は、明治の文豪・幸田露伴の『天《そら》うつ浪《なみ》』（第二の四十九）にある句。意味は長生きすればその分、知恵がそなわるという肯定的にみることわざだ。他に用例もないことから、ことによると露伴による「命長ければ恥多し」の捩《もじ》りかも知れない。

夏の蚊の冬の氷を知らぬ心

これと同じ意味になるのが、一般によく知られる「井の中の蛙大海を知らず」だ。自分だけの狭い範囲のことにとらわれ、広い世界があることを知らない譬えだ。暖かくないと生きていけない蚊は、当然、冬には生きられないので、氷の存在は知る由もないということになる。見出しの句は江戸中期の文人画家であり、漢詩人であった柳沢淇園《やなぎさわきえん》の随筆『ひとりね』(上)に「井の内の蛙の外面をしらず、夏の蚊の冬の氷をしらぬ心からは、尤《もっとも》とは知りつゝもふとどき千万」と用いられている。

これに似た言い回しが中国の古典『荘子』(秋水)に「夏の虫、氷を笑う」とあるので、虫を蚊に代えたり、冬を付け加えたりして、たぶん、少し言い換えをしたものであろう。蛙と蚊がでてくる二つを比べてみると、蛙のバージョンのものでは、井戸の形状によっては蛙は外界にでることができる余地があるのに対して、蚊のバージョンのものでは、夏と冬の差異は決定的なだけに蚊のものの方が印象も強く感じられる。また、『荘子』にみえる虫の言い回しは、蚊より曖昧《あいまい》な面があるので、その分、印象が薄く感じられる。

我が白味噌《みそ》より隣の糂粏《じんだ》

他人のものがよくみえることの譬え。糂粏とは糂粏味噌のことで、大豆・糠《ぬか》・塩を混ぜてならしたもの。また、糠味噌のこと。一方、白味噌は米を原料とするから、どちらにしても白味噌の方が上等。糠味噌漬は日本の代表的な漬物で、もちろん、今もこの名称は健在だが、糂粏味噌の方は耳にしない。ということで、この句も江戸時代のもの。洒落本《しゃれぼん》『禁現大福帳』(二)などで用いられているが、従来の辞典には未掲載の珍しいもの。

とはいえ、自分と隣人や他人を比較することわざは色々なものがある上に数も多いが、他人を羨《うらや》むものと、自分の方をよしとするものという相反するものがある。

見出しの句と同じように、隣や他人のものがよいとするものには、「隣の糂粏味噌」「他人の飯は白い」「内の米の飯より隣の麦飯」「内の鯛より隣の鰯」「隣の牡丹餅は大きく見える」「よその花は赤い」とそれこそ色々ある。反対に自分の方をよしとするものには、「他人の子の利口なより阿呆な我が子が可愛い」「隣の白米より内の粟飯」などがみえるが、数の点では少数派になる。現代でいえば「隣の芝生は青い」にあたることわざ。大正期頃のいろはカルタの一種には「よその花は赤い」が採られていた。いつの時代も人は自分よりも他人が幸せにみえるようで……（図参照）。

年寄りのいう事と牛の鞦《しりがい》は外れたことがない

年長者の言葉に嘘はないから、よき助言として聞きなさいということ。鞦《しりがい》は、車に積んだ荷物を牛馬に引かせるために取り付ける用具で、牛や馬の尻にかけて車の轅《ながえ》を固定する紐《ひも》のこと。これが尻尾《しっぽ》の下をくぐらせ尻の上で交差させているためか、一見すると外れそうにもみえる。このことを別のことわざで「親の諫《いさ》めと牛の鞦は外れそうで外れぬ」といっている。まっ、どちらにせよ、鞦が外れないものであることはたしか。ただ、がちがちに繋《つな》ぎ留めるのではなく、ゆったりとした遊びのある結びつきなのであろう。年寄りの言うことも、ことわざも、自らの正しさを大上段に振りかぶってのたまうものではなく、ある種の心もとなさを伴った雰囲気を漂わせているものなのだろう。

同じ意味合いをいうことわざには、「年寄りのいう事に間違いなし」という言葉の飾りもなければ、譬えもないストレートな言い回しもある。日常生活の中から牛馬の姿がなくなった現代では、鞦は死語となったが、味わいの深みがあるように思えるのだが。

娘の子は強盗八人

結婚に掛かる費用は、土地柄の慣行によるものや、やり方におおいに関係しようが、それなりの費用は掛かる。この句は、娘が嫁げば莫大《ばくだい》な金が掛かるとの譬え。つまり、それは強盗に八回もやられたと同じだというのだから、何ともはや、凄《すさ》まじいというか、譬えの凄《すご》さに度肝を抜かれる。

ことわざは言葉の技と呼ばれるように、自らを特徴づける多様な表現法がある。中でも誇張表現はもっともことわざらしさが表れるものだろう。たくさんあって逐一あげきれないが、衆知のものをいえば「塵積もって山となる」とか、「鶴は千年亀は万年」「朝に紅顔あって夕に白骨になる」などがあるし、「昨日の娘は今日の婆」「蟻の髭で須弥山《しゅみせん》（仏教で世界の中心に聳える高山）を崩す」など、かなり突飛な誇張もあるが、その中でも、見出しの句は目を惹《ひ》く存在で、つまりは娘が生まれて早々の喜ばしい気持ちの裏に、将来の嫁ぐ日の出費を案じてしまう複雑な親の心境を描いた句といえよう。

江戸前期の俳諧《はいかい》集『ふたつ盃』において、娘の誕生を詠む句の論評の中で用いられている。

人間の一生は旅

人の一生はよく旅に譬えられる。旅は自分の知らない地域や場所で様々なものを見聞きし、色々な人との出会いもある。楽しいこと、苦しいこと、素敵な体験もあれば、危険な目にあったり、失敗をしでかしたり、まんまとしてやられたり、と実に種々様々なことが起こる。こうしたことは人生にも起こる。ただし、人生は六十年、七十年と長く、これに比べて旅ははるかに短い。だから、旅は人生の縮図ともいえる。

この句は、明治時代の詩人・小説家・思想家である北村透谷《きたむらとうこく》の文学評論『明治文学管見』(二)の中で「然るに人間の一生は『生』より『死』にまで旅するを以て、最後の運命と定むべからざるものあるに似たり。人間の一生は旅なり、然れども『生』といふ駅は『死』といふ駅に隣せるものにして、この小時間の旅によりて万事休する事能《あた》はざるなり」と用いられている。

透谷は、生の駅から死の駅までの旅が人間の一生だが、すべてがそれでお仕舞いではないとしている。

話が尻へ回っちゃしめえ

ほんの少しばかし違う言い回しで「話が下《しも》へ回ると仕舞になる」「話は下で果てる」ともいう。会話している内容が性的なものや、下半身に関する下品なものになったら、その話は終わりとなるということ。見出しの句は幕末期の滑稽本《こっけいぼん》『（勧善懲悪）稽古三味撰』（上之巻）にみられるもので口語的な表現になっている。

ところで、どうして下掛《しもが》かった話になると相手との会話が終わりになるというのであろうか。推測の域をでないものではあるが、シモの話題は誰にでも共通するものではあるものの、かといって、あまり公然とは口にはしないもの。こうした点を考慮すると、相手とまともに議論したり、会話を楽しんだりする内容がなくなって話題に困った果てにでてくるのが下話ということになろうか。

類句には「下司《げす》の話は糞で終わる」というもっと端的な言い方のものがあるように、健康や保健の面から話題にするものでなければ、下話は推奨されざるものということになる。

地獄にも仏あり

使われている名詞が同じ句に「地獄で仏」があるが、こちらは困った時に救いの手に出会う意のことわざだ。古くは「地獄で仏にあったよう」とか、「地獄で地蔵にあう」などといった。

見出しの句も、ことわざの示す情況は似ているが、使われ方が微妙に異なる。人が住むには最悪な地獄のようなところでも慈悲深い仏のような人はいるという意で、別のことわざ「地獄にも鬼ばかりはいない」と言い換えることができるし、現代常用される「渡る世間に鬼はなし」と同じニュアンスになるからだ。微妙な違いもさることながら、地獄と仏という根本的に対立する関係にあるものを組み合わせてしまう技法もことわざらしさが表現されているものだといえよう。

この句は、一見すると衆知度の高いことわざのように思われるかも知れないが、滝沢馬琴『頼豪阿闍梨怪鼠伝《らいごうあじゃりかいそでん》』（巻六）で「誘給《いざたま》へと袖を引けば、為久やうやくに気色《けしき》をよくし、げに地獄にも仏はありけり。さらば彼處《かしこ》に憩《いこ》ふべし」と誘いに気をよくする場面の用例など、馬琴作品に二つあるだけ。

老いたる馬は雪にも惑わず

多くの経験を持つ者は物事の判断や考えに誤りがないという意の「老いたる馬ぞ道を知る」という句が『平家物語』(九)にあり、「雪は野原を埋めども、老いたる馬ぞ道は知るといふためしあり」と記されている。見出しの句は、『四季物語』(十一月)にあるもので、「老たる馬は雪にも惑わず。年ふる宿の犬も家を守る事、犬子《えのこ》には優りぬ。若き時は心淡く、血気盛んなれば色深く」と用いられている。

この二つを比べてみると、よく似ていることがわかる。前者は、雪の野原で馬が道を間違えないことがいわれているのに対して、後者は野原とか道という単語こそみえないが、老犬が子犬に優ることを加えてより内容を強調するものになっている。意味するところは同じなので、どちらかが真似をしたか、強く影響されたのではないかと推測される。

見出しの句を載せた『四季物語』は、別名『長明四季物語』とも称される書で、書名から推定されるように、かの鴨長明《かものちょうめい》の作とする見方もあるもの。なお、類句でもっともよく知られるのが「老いたる馬は路を忘れず」で『源平盛衰記』(二十二)にみられる。

巾着切りの上前をはねる

悪人でも上には上がいるものだということ。同義で知られることわざは「盗人の上前を取る」で、盗人が取ってきた物からその上前を取り上げてしまう事からいう。見出し語は江戸時代の洒落本『野路の多和言』にみられるものだが、近代では夏目漱石の『坊っちゃん』（七）で用いられているだけで、その後途切れているようだ。『坊っちゃん』では「世間がこんなものなら、おれも負けない気で、世間並にしなくちゃ、遣り切れない訳になる。巾着切りの上前をはねなければ三度の御膳が戴けないと、事が極まればかうして、生きてるのも考へ物だ」と用いられている。

孔雀《くじゃく》の真似するカラス

卑しい者が上品ぶってもの真似をすることの譬え。ことわざにはカラスは大変よく使われる動物であり、鳥類に限れば、おそらく一、二番に多用されるものだろう。それに対して孔雀になると「鳶が孔雀を生む」くらいがことわざらしさを具えたものとして挙げられる程度だろう。見出し語は従来のことわざ辞典にはみられない珍しいものだが、いろはカルタには戦後に発行されたものの一点だけに採られている。文例では小説家・島崎藤村『桜の実の熟する時』(一)に「曾て彼を仕合せにしたことはドン底の方へ彼を突き落した。一時彼が得意にして身に着けた服装なぞは自分で考へても堪らないほど厭味なものに成つて来た。良家の子弟を模倣して居た自分は孔雀の真似をする鴉だと思われて来た。彼が言つたこと、為たこと、考へたことは、すべて皆後悔の種と変つた」とでてくる。図は戦後のいろはカルタの一種にだけあるもの。

竜《たつ》の子の蛙になる

立派な親から出来の悪い子が生まれることの譬え。竜は中国では皇帝のシンボルであることから分かるように高貴なものとか高い身分の象徴でもある。そんな高い身分の者の子が卑しい蛙になることからいう。立派な親に不出来な子ができることをいうことわざには、他に「堯《ぎょう》の子堯ならず」「堯舜《ぎょうしゅん》の子に聖人なし」などがある。反対に子が親より優る場合は「トンビが鷹を生む」が有名だが、他にも「雉が鷹を生む」「カラスの白糞」などといった珍しいものもある。また、親子が似る場合は「蛙の子は蛙」「狐の子は面白」「マムシの子はマムシ」といった動物バージョンから、「瓜の蔓にナスビはならぬ」「ヘチマの種は大根にはならぬ」のような植物版もあり多彩だ。

見出し語は江戸期の随筆『夏山雑談』の「貴賤ともに幼時より異なる」の見出し箇所に「よき人の子は幼少の時は頑《にぶ》くみへても、よき事を見ならひて次第によくなり、下賤の人の子は幼き時は発明に見へても、次第にいやしく悪くなるなり。諺に云ふ、竜の子の蛙になるごとし」とある。しかし、明治以降には伝えられていないようで、確認されていない。

大海を砂で以って埋める

やっても不可能なこととか、とうてい及ばないことの譬え。この意味合いのことわざは多い。同じ大海では「大海を手で塞ぐ」「大海を貝殻でかえ干す」とあるし、海とした場合でも「貝殻で海を干す」「柄杓で海を換える」といっている。山のものでは「富士の山と丈比べ」「山を舟に乗る」とあるし、さらに宇宙的規模のものでは「お月さまに石打ち」「お天道様に石」「竿竹で星をかつ（叩き落とす意）」などもある。その他、「ミミズの木登り」「氷を叩いて火を求む」「砂を蒸して飯とする」「蓮の糸で大石を釣る」「顎で背中掻く」「コンニャクで石垣を築く」「焼き栗が芽をだす」「雲をつかんで鼻をかむ」など実に多彩。見出し語は『一休和尚法語』にみられるもので「人迷ふ時は、火を以て火を消さんとし、水を以て水をかく。大海を沙《いさご》で以て埋めんとし、土を以て山を囲はんとす」とある。この一節はどれも人間の愚行ぶりを伝えている。

雀、鶴の心を知らず

小人物が大人物の心の内を推し量ることはできないということの譬え。雀が小人物、鶴が大人物に譬えられている。同じ意味で有名な文句が「燕雀《えんじやく》安んぞ鴻鵠《いずく》の志《こうこく》を知らんや」。鴻鵠はオオトリかコウノトリのこと。中国の古典『史記』にみられ、日本でも長らく使われてきた。見出し語の方は、近松門左衛門の『源義経将棊経』に「いかに梶原それにてまぢまぢ承れ。雀鶴の心を知らず、大智は小智を量らずとや。汝奸曲偏鄙《かんきよくへんぴ》の佞臣。狭く小さき心より、少にても人の己に勝《まさる》をそねみ」とでている。憶測になるが、おそらく中国の古典を下敷きにして近松が言い換えたものではないだろうか。中国の古典のものにある厳《いか》めしさが薄まり、平易になっているものの、何故か近松以降には伝わっていないようだ。

下戸ならぬこそ男《をのこ》はよけれ

酒をたしなめられるのは男として素晴らしいということ。有名な吉田兼好《よしだけんこう》の『徒然草』の第一段にある言い回し。ことわざとは認定されていないのかことわざ辞典に収載されていない。もっとも兼好自身が酒を賛美しているわけではない。同じ『徒然草』第百七十五段には「百薬の長とはいへど、万の病は酒よりこそ起れ」と酒の効能を認めつつ酒の害を明確に述べている。つまり、見出し語の意味合いは、もろ手を挙げた酒の賛美ではなく、少し控え目に酒に親しむ程度のことをいうものだと解釈できそうだ。酒飲みの自己正当化にも使われる「下戸の建てたる蔵もなし」と下戸を揶揄《やゆ》するものとは隔たりがある。

鎌倉時代の『徒然草』から見られる見出し語であるが、江戸期にはあちこちのジャンルで盛んに用いられていた。俳諧・浄瑠璃《じょうるり》・滑稽本・人情本・噺本《はなしぼん》・洒落本・黄表紙・歌謡などに二十五もの用例が確認される。用いている作者も松尾芭蕉《まつおばしょう》・近松門左衛門・大田南畝《おおたなんぽ》・平賀源内・式亭三馬など有名どころが並ぶ。言い回しの面では、「下戸ならぬこそ男は仕合わせ」とするものがあったり、なかには男を女子に換えた「下戸ならぬこそをなごはよけれ」（近松門左衛門『兼好法師物見車』）とする捩り版もあることから、江戸人には人気があった表現であったのかも知れない。ただ、それも江戸期までで明治以降には伝わっていないようだ。

人参《にんじん》が人を殺す

良かれと考えたことの結果が不本意なことになることの譬え。ここの人参は薬用の高価な朝鮮人参。人参が使われることわざには「人参飲んで首くくる」という言い回しがあるが、これは高価な人参を飲んで病気は治ったものの、支払いの薬代で苦しみ、ついには首をくくるはめになることをいう皮肉なもの。また、「人参よく人を活かし、よく人を殺す」という句もあり、こちらは、やり方しだいで薬にも害毒にもなることをいうもので江戸時代の人参のありようを正確に言い表わしている。見出し語は、江戸時代の浮世草子の一種の八文字屋本である『(鎌倉) 諸芸袖日記』(第二) に「儒学と中物は、五倫 (儒教でいう人として守るべき五つの道) をわかちて、人の人たる道をおしへたる物なれば、上もないよき教へにて、めいめいの家業を第一にして、其家業のたつが道と心得候へばよけれ共、あしくすれば人参が人を殺し、仏たのんで地獄へ堕るやうな事あるべし」と用いられている。

船の新造と娘のよいは人が見たがる乗りたがる

新しい船と良い娘は多くのひとが強い関心をしめすということ。七五七五の都々逸《どどいつ》の拍子をもつ語句で筑前《ちくぜん》の船歌として記録されている。日本の古い歌謡類を集成した『日本歌謡類聚下巻』(明治三十一年)の筑前国早良郡《さわら》(福岡県)の船歌として「船の新造と娘のよいは、人が見たがるヨウ乗りたがる、ヨウ、ゴットンゴットン」と記載されている。船歌だから船についていったものであることは当然ながら、この文句にはもう一つの意味合いが含み隠されているのではないか、と推測される。つまり、新造船には皆が乗りたがるものだが、同じように良い娘と性的な関係を持ちたがるということではないだろうか。「乗る」の語句には船に乗る意と、性行為をする意が掛けられていると見られるからだ。そのように解釈すると、ヨウ、ゴットンゴットンの掛け声もリズミカルな囃子《はやし》ことばに聞こえるように感じられるがどうだろうか。

第五章　世の中の仕組みと在りよう

人間社会によく起きること、この世によく起きることをあつめた。いわゆる「あるあるネタ」のことわざである。これは例をあげた方がわかりやすいだろう。

「一文銭と親の敵は取りにくい」「聞いて千両見て一両」など、現代の感覚で聞いても思わずくすりと笑みがこぼれる言葉が並ぶ。

こうしたくすぐりが効いているのは、ことわざのなせる業である。

相手を嫌な気持ちにさせない。

それでいて納得させる力がある。

だから使いたくなる。

それなのに現代人が使わなくなった。

惜しく感じるゆえんである。

智者一人より愚者三人

この言葉は室町時代の武将の家訓書である『多胡辰敬家訓《たこときたか》』に以下のようにある。「力石を一人して上《あ》かぬるを、八人寄りて挙ぐるなり。是衆力功を成す近道のしるし也。されば、思案なども、智者一人より愚者三人といへり。数多の心を一つになして中事には、おもしろき事有物也」と記されている。意味するところは、たとえ知力が多少劣っていても、何人か集まれば、優れた者一人よりはよいとすることわざだ。

同じ意味を持つことわざで有名なのが「三人寄れば文殊《もんじゅ》の知恵」。こちらは江戸時代からみられ、現代も常用されている。ところが、見出しの句は江戸時代以降にみられなくなっており、こちらの文殊のものに取って代わられたのかも知れない。

ところで、ことわざには類義のものと反対の意味を持つものが多いという特色がある。ここの愚者が智者に優るの反対の意のものは何かとの問いは難問だが、「大功を成す者は衆に謀らず」と、大仕事をなす者は周囲に相談しない意のものがあげられるだろうか。

牛の糞《くそ》にも段々

意味するところは、物事には順番や段取りがあるということ。どうして、そう言うのかといえば、牛の糞の形状をしみじみ観察して思いついた成果なのであろう。農村に牛や馬がいて、街中でも荷車を引く牛の姿が珍しくなかった昭和二十年代から三十年代前半くらいまでは、道路に牛馬の糞がよく転がっていた。筆者の生まれた千葉県の田舎町もそうだった。餌にもよるのかも知れないが、馬糞は丸く、牛糞はひらべったい形であったとおぼろ気ながら覚えている。もっとも「馬の糞で段々」との言い回しもあるのだが……。

とはいえ、このことわざを知るまでは、下の大きいものから上の小さいものまでが数段の段状態になっていたとは気がつかなかった。よくマンガに描かれるようにとぐろを巻いている形状を思いだしてもらえばいい。下から上へと段々になっているのがわかるであろう。だから、物事も牛の糞のように段取りを組め、というわけだ。

それにしても、よくもこんなことわざを思いついたものと感心するやら、呆《あき》れてしまう。糞のことわざは多いが、これほどの観察眼によるものは他にあるまい。

暴は貧より生ず

野卑な荒れた所業や蛮行は貧しさから生まれるものだということ。この言葉は明治時代の社会主義者・幸徳秋水《こうとくしゅうすい》などに影響を及ぼした中江兆民《なかえちょうみん》の『(自由平等)経綸《けいりん》』(放談)にあるもの。この放談にある倹素(無駄をせず質素なこと)という項目に「倹素是れは遠きを致すの資本なり、今日官民上下の大患は、貧の一字に在り、貧の一字是れ流言の本、腐敗の本、乖離の本、反目の本、俗諺《ぞくげん》に云はく暴は貧より生ず」とある。つまり、社会の病理の根本は貧しさにあるとの認識に立ったもので、社会主義にマッチしたことも頷《うなず》ける。より身近な例でいえば、一個人の蛮行も貧しさに起因するというわけだ。

見出しの句は、兆民自身が俗諺(ことわざ)として引用しているものだが、このことわざは、これまでまったく知られていないものだった。せっかく兆民が紹介してくれたのに後世の人々に伝わらなかったもので、伝承されなかった典型的なことわざかと思われる。貧困という名の病は世界中にあり、見出しの句のような現象も随所にみられるにも拘《かかわ》らず、言葉だけが消えてしまったのだ。

毒ある花は人を悦ばす

内面に他人に害をなす毒があるものは、外面では反対に人をそそり、惑わす雰囲気を漂わすというもの。毒キノコの害についてはよく知られているが、誤って食べてしまったという話は山菜採りのシーズンにはよく耳にする。だが、ここでの話は、キノコではなく花。見出しの句を文字通りに表している花となると、彼岸花・水仙・福寿草あたりだろうか。意外なものではアサガオにも種子に毒があるのだそうだ。この他にもいくつもあるので毒を持つきれいな花が多いとわかる。

このような外面と内面が反対であったり、対立したりすることをいうことわざは少なくない。「笑みの中の剣」「外面《げめん》菩薩《ぼさつ》内心《ないしん》夜叉《やしゃ》」「内裸の外錦」といったよく知られる句がいくつもある。見出しの句は江戸期の大岡政談『越後伝吉一件』(第十二回)にあるもの。「打ちうなづき、なる程お専が言ふ如く毒ある花は人を悦ばせ、針ある魚は汀《なぎさ》に寄る骨肉なりとて油断はならじ」と、花と魚を対句にして用いられている大変珍しい句だ。

苦瓢《にがひさご》にも取柄《とりえ》あり

どんなものにでも、何かは取り柄があるものだという譬《たと》え。苦瓢はヒョウタンのこと。瓢はユウガオやヒョウタンなどの総称で、これに苦の字が付いて果肉が苦いヒョウタンを単独で表すことになる。この果肉にはククルビタシンという苦味の成分が多くあるため食べられず、食べると食中毒を起こすことがあるそうだ。

食物としては役に立たないヒョウタンでも、別な面では十分に役立っている。庭木の一つとして観賞になるし、果肉を取り除き乾燥させれば洒落《しゃれ》た容器にもなる。さらに実用面以外にも取り柄がある。それは「瓢箪から駒」のことわざだ。ことわざ自体もよく使われるお馴染みのものだが、それ以上に親しまれているのが、このことわざをモチーフにしたグッズ類。お守りや縁起物の小物から絵画・置物・細工物など数え切れないほど色々な物品があり、人々を楽しませてきた。見出しの句は、江戸時代の仮名草子『可笑記《かしょうき》』（巻一）に「下臈《げろう》の詞に、苦瓢《にがひさご》にもとりえありと云ふに付きて思へば、誠なるかな、何事にも皆とりえあるべし」と用いられている。

一文銭と親の敵は取りにくい

意味は、少額の貸した金を取り立てるのは難しいということ。

一文銭は江戸期でもっとも少額の金だが、それゆえに、いざ返してもらおうとすると、たった一文ばっかしを要求して、相手にけちな奴などと思われるかも知れないと懸念して、なかなか言いだしにくくなる。そうした心理が窺《うかが》える。他方、この句の後半にある親の敵は、実際にとるのは大変難しいとされる。なにせ相手は、どこにいるのかわからないのが普通だから、探しだすだけでも極めて困難なのだ。

このように、同じ「取りにくい」でも、片方は気分の問題だし、他方は莫大《ばくだい》な労苦の問題とまったく異なる。言い換えると、ぜんぜん違う二つのものの中にある共通するものを見出《みいだ》して提示する表現形式になっている文句ということになる。この形式はすでに紹介した三段なぞと呼ばれるもの。何々と掛けて、何々と解くとなるものだ。なのでここは、一文銭と掛けて親の敵と解く。そのこころは、ともに取りにくい、ということになる。このなぞなぞが一つの句となり、ことわざになったという次第。

聞いて千両見て一両

人から聞いた話ではすごくよかったのに、実際に自分の目でたしかめてみると全然違っていたというのは、ままある話。現代のような世界中の情報が飛び交うような社会ならいざしらず、このことわざが口にされたのは江戸時代だから、口伝えの情報が占める割合は比べものにならないほど高い。この句は江戸後期の経済学者・佐藤信淵《さとうのぶひろ》が著した『奉呈松塘疋田君封事』で確認されるものだ。

ただ、類句で「聞いて千金見て一毛」という言い回しが江戸初期の『慶長見聞集』にみられるので、そのあたりの影響を受けたものかも知れない。ちなみに、後者にある一毛は一銭の百分の一だから、見出しの句に比べて見聞きの落差が格段と高く、その分だけ強調の度合いも高いということになる。

類句は多く、現代もよく使われる「百聞は一見に如かず」もあれば、「見ると聞くとは大違い」も江戸時代からのもの。もっとも毛色の変わったものは、対比が逆になっているいろはカルタにある「聞いて極楽見て地獄」といえるだろう。

白馬は馬にあらず

この句は尾崎紅葉の小説『金色夜叉《こんじきやしや》』（十三章）の金の貸し借りの議論の場面で用いられている。「『それは固《もと》より御同感さ。けれども、紳士が高利《アイス》を借りて、栄《えい》と為《す》るに足れりと謂《い》ふに至っては……。』蒲田《かまだ》は恐縮せる状《じやう》を作《な》して、『それは少し白馬は馬に非ずだったよ。』」と、借金をしてまで紳士を気取っても本物の紳士ではないとして使っている。なお、「高利貸し」を「氷菓子」になぞらえて「アイス（クリーム）」と呼ぶのはかつてはよく使われていた隠語のようだ。

見出しの句は中国の古典『列子』（仲尼）に由来するもので、白い毛並みの馬は馬ではないとする論法をいう。つまり、馬はものの形をいうものに対して、白馬は白の毛並みをいうものだから馬にはならないとするもの。一見すると、筋が通っているようにみえなくないが、詭弁《きべん》であることは明らか。なぜなら、白馬でなく黒い馬ならどうかとなると、この論法では、これも馬でなくなるからだ。世の中には詭弁を弄《ろう》する手合いもいる。白馬論法のようにみえみえなものなら実害に至らないが、見抜けぬ手強《てごわ》い詭弁もあるのでご用心だ。

善悪は舌三寸の囀《さえず》るにある

一国の政治は、人々が良し悪しを口にすることによって左右されるということ。これは、一般的にはイソップ物語として知られる『イソポのハブラス』（イソポが生涯の物語略）にあるもので、「それをなぜにと申すに、天下の善悪は舌三寸の囀《さえず》るにあるといふことがござる。しかれば天下、国家の安否《あんぷ》も舌に任することなれば、何かはこれに勝《まさ》らうずるぞ」と記されている。大勢の人の言葉が国のありようを決めてしまうと解釈できるものだから、まことに人々の言葉の力は凄《すご》いものだということになる。

言葉と善悪の関係をいうことわざには、発する言葉によって物事の善悪が決定づけられるとの「口は善悪の門《かど》」という語句もある。また、それとは別に、「人の善悪は友による」と、人が良くなるも悪くなるも付き合う友達によるとみることわざもある。かと思えば、「善悪は人にあらず、自らの心にあり」と、自分の気持ち次第で相手は善くも悪くもなるとみるものもあって、ここにもことわざの多彩さが窺われる。

菜虫が変じて蝶《ちょう》になる

菜虫とは、キャベツ・大根・蕪・白菜などを食う虫のこと。モンシロチョウの幼虫がもっともよくみられるのだそうだ。蝶は独特な飛び方や派手な模様で知られると同時に、見方によってはグロテスクな青虫から、妖《あや》しく艶《なまめ》かしい美麗な羽根を持つ姿に変身することで知られる。もっとも、姿や形は好き好きだから、中には青虫が好きなお方もいるかも知れぬが……。

この句は、江戸時代の地質学・医学・本草学（薬草の学問）など多方面で活躍した平賀源内の戯作作品にあるもの。源内は戯作者としても知られ、その名を風来山人《ふうらいさんじん》といった。彼の作品『前太平記古跡鑑《こせきかがみ》』（第九）には「されば浮世の譬にも菜虫が変じて蝶と成り。嫁が変じて姑となる」とある。意味は万物はみな変化するというもの。源内の作品に茶々を入れるようだが、変化するものとして、虫が蝶になるのはなるほどと思うものの、嫁が姑《しゅうとめ》になるのが変化だろうか、少々疑問。あるいは、時のたつのが早いことの譬えに「嫁が姑になる」という句があるので、それにも関連づけて両方に跨《またが》って用いたものかも知れない。

物には程があり、酒には枡《ます》あり

何ごとにも限度というものがあり、極端過ぎるのは好ましくないということ。ことわざの意味としては、前半だけが対象になっていて、後半は意味に組み込まれていない。では、酒の部分は意味のない付け足しかといえば、そうでもないようだ。もちろん、対句としての機能は果たしている。

かつては日本酒を量るには枡を用いた。枡には一升、五合、一合がある。また、枡酒として使われる場合もあり、よく使われるのは一合枡。筆者の生まれ育った家は、お隣が酒屋だったので、店の中で樽《たる》から枡に注いでもらって飲む人の姿をよく目にしたものだ。昭和二十年代ころの記憶だが、私自身も祖父のお遣いで酒を買いにいかされて、これは樽から小瓶に注ぐことで量ってもらっていた。つまり、当時は酒は量ってもらって買ったり飲んだりするものであり、それが一種の歯止めとなり、限度となっていたのではないだろうか。この句は、明治の文豪・森鷗外の『はげあたま』だけに確認された句なので、後半部分は鷗外の遊び心によるのかも知れない。

百人を殺さねば良医になれぬ

何という空恐ろしい句だろう。患者の立場にある人が耳にしたら、病院から逃げだしかねない。意味は医者は患者の命を犠牲にして自分の腕を磨くというものだが、人の命を救う医者が、逆に百人も殺すなんてことは一種のブラックユーモアだ。これはことわざ特有の誇張であり比喩《ひゆ》だが、いくら比喩といってもまったくの絵空事とは違う。近代医学にあっては、人体は医術の進歩のための材料に過ぎないとの考えを心の底に持つ医者は少なからず存在するからだ。

この句は、明治時代以前の文献にはみられない比較的新しいことわざのようだ。蘭方医学が日本に伝わってきたのが江戸後期のことだから、それこそ失敗を繰り返しながら医学として発展していったのであろう。そうした時代背景を感じさせるものだが、実は中国の古典に、何度も自分の肘《ひじ》を折って痛みを知った上で医者になる意の「三たび肘を折って良医となる」ということわざがある。ことによると、この中国のことわざを参考にして、作りあげられたものか、西洋のことわざではないだろうか。

誰かカラスの雌雄を知らん

善悪や人の心、ものの是非などの判定は難しいということの譬え。

ちょっと意表を突かれた思いがしないだろうか。たしかに、いわれてみればその通りと思う。専門家にはわかるのかも知れないが、カラスは全身が真っ黒で雄雌の識別は素人にはまるでわからない。わかるのは、ハシブトガラスかハシボソガラスの違いくらいが、せいぜいのところだろう。日常の生活の中にあって、普段は見過ごしてしまう真理や実像を鋭い観察眼によって明らかにすることわざの面目躍如といったところだ。

この句は、古くは中国の古典『詩経《しきょう》』にあるもので、日本では江戸時代に儒学者・荻生《おぎゅう》徂徠《そらい》が『弁名』（上聖）で『詩経』を引用する形で認《したた》めている。明治になると尾崎紅葉の『金色夜叉』（二十章）に「『如何ですか、然云《さうい》ふ事は。』誰か烏の雌雄を知らんとやうに、貫一《かんいち》は冷然として嘯《うそぶ》けり。」と貫一が冷ややかにとぼける様子を表す言葉として用いられている。しかし、多用されたものではなく、忘れられようとしている。

天も地も測ろうが量り難いは人心

天空と地上はどうなっているかは観測できるものの、何とも量ることができないのが人間の心の内だということ。

こう言われてみればその通りで、天地はいかに広大であってもその様子は人間の五感を通してある程度認識し、感得できる。しかし、人がどう感じて、何を考え、どういう思惑を持っているのか、そうした気持ちを外から推し量ることは至難だ。他人の心の深奥を読むことは難しい。何分にも心は、感情・意志・観念・知識・気遣い・情け・思惑・好悪などを含むたいへん多義的な概念であり、外からみえたり、わかったりするのは、ほんの一部に過ぎない。このように考えれば、人の心を量ることの難しさがわかろうというもの。

この句は人情本・『毬唄《てまりうた》三人娘』(二編)で「何様《どう》もこれだけの事を武兵衛どんが、一人で扱ふ訳はないさ。尤《もつと》も彦兵衛さんの代から、久しく勤める人だけれど、其處《そこ》がお前下世話に言ふ、天も地も測らうが、量り難いは人心と、昔の人も言って置いた」と用いられている。類句には「測り難きは人心」「分からぬものは夏の日和と人心」とがある。

美人は人を殺す剣

美人は男を破滅に追い込む恐ろしいものだということ。美人や美女に対する世間一般の評価は、崇《あが》めるものと軽視するものとに二分されるかも知れぬが、ことわざの世界では美人の旗色はきわめて悪い。曰《いわ》く、「美人の素顔より鬼人の化粧顔」と、素顔の美女より化粧をした不美人の方がいいという。それに「美人というも皮一重」で、美女といっても所詮《しょせん》のところ上っ面なもので、顔の皮の一枚に過ぎないともいう。何と言っても「佳人薄命」で儚《はかな》い存在なのだとされる。

これに対して、プラスにみるものは少数派で、「勇者でなければ美女を得る資格なし」とか、「美人に年なし」という句が確認できる程度に過ぎない。

否定的にみるものの中で、もっとも激しいものが見出しの句の類《たぐい》だろう。これにも類句が多く、もっとも古いものとみられる室町時代の『湯山聯句鈔《ゆのやまれんくしょう》』（真韻）には「美人は人の生を切る斧」とある。浮世草子作家の井原西鶴の作品には「美女は男の命を断つ斧」と、より明確に表現されている。とにかく、男にとっては「美女は鬼より恐ろしい」といえるようだ。

旅歩行《あるき》こそ延命の薬

各地を旅して巡るのは、長生きの原動力だということ。この言葉は江戸の旅行作家ともいえる十返舎一九の道中記の一つである『(上州草津温泉道中)続膝栗毛』(十一編上巻)で「串団子の横ぐはへも遠慮なく、雪隠は見晴らしのよき所勝手次第、まことに命の洗濯せんには鬼の留守より内をお留守の旅歩行こそ延命の薬なるべし」と用いられている。たしかに、日常のしがらみから解放されて、温泉へのきままな旅であれば、それはこの上ない精神安定剤になろう。一九は『東海道中膝栗毛』によって評判をとったことから、各地の道中ものを著しているが、彼の描く旅は馬鹿馬鹿しいほどの滑稽《こっけい》なドタバタ道中。どれも明るく、湿り気がない。「旅は憂いもの辛いもの」といった危険で辛《つら》い旅のイメージはない。中世までの旅は危険がつきものであったためであろうが、「旅は道連れ」で同行者の存在は心強いものであった。そんな旅も、江戸期になると各地の社寺を巡るものや遊行の旅が広まり、旅に対するイメージも変わった。このことわざはそんな時代の一つの表れだろう。

ものごとには適正があるということ。

土蔵の壁は厚いほど、化粧は薄いほど

土蔵は厚さ三十センチほどの土の壁でできた建物で、防火に優れた特色を持っている。近隣の火災から守るために窓は小さいうえに土の壁でできた扉が付き、いざという時は締めれば火が入らないようになっていた。現代では、新築されることはまずないので、古くからあるものが全国で観光資源として活《い》かされてもいる。

防火目的の建物なので、中は暗く、出入り口の扉も厚く頑丈なので、かつては子供のお仕置きの場にも使われた。筆者の母の実家が田舎の商家で土蔵があり、祖父母に育てられた私は何度か土蔵（お蔵といっていたが）に入れられた。壁はたしかに部厚かった。窓も小さいため中は不気味なくらい静かで薄暗く、子供には異界の恐怖の世界であった。

土蔵の壁が厚いのは納得できるが、化粧が薄いのがどうしてよいのだろうか。化粧の歴史は長く多様であり、濃さ薄さだけでも時代的傾向もあり、一概に論じることはできないものなので、ここの句も薄いをよしとする時代の産物とみた方が適正といえよう。

鰯《いわし》の頭も仏になる

日本人が親しんだ代表格の魚の一つがイワシだ。かつては全国のどこでも獲《と》れ、安価な蛋白源《たんぱく》として重宝な食材であるばかりでなく、肥料としても活用されていた。少々変った使い方として邪気払いの風習にも使われた。節分の時、ヒイラギの枝にイワシの頭部を刺して門に付けて悪鬼を追い払うというものだ。これは、イワシの臭みとヒイラギの固い葉の縁の刺《とげ》が魔除《まよ》けに有効と信じられたからだ。

こんな風習も関連するのか、イワシに関することわざでもっとも有名なのが「鰯の頭も信心から」で、上方系のいろはカルタにも入っている。意味は、イワシのようなつまらないものでも、信じてしまえば神仏と同じ霊験を持つということ。また、そうした人を揶揄《やゆ》する意もある。見出しの句は江戸時代初期の短編小説である仮名草子『清水物語』(下)で用いられている。ことによると、作者が「鰯の頭も信心から」を踏まえた上で、新しく作った言い回しなのではないだろうか。字面の上では、こちらの方が鮮明なイメージを描きやすいようだ。次ページの図はことわざ狂画集『軽筆鳥羽事』にある「鰯の頭も信心から」。

貧賤《ひんせん》には妻子離れる

滝沢馬琴の読本『青砥藤綱模稜案《あおとふじつなもりようあん》』（後集巻二）に「されば古人《いにしえびと》の言葉にも、富貴《ふうき》には他人聚《あつ》まり、貧賤には妻子離る」とみえる。「富貴」は財産もちの上身分が高い人。「貧賤」は反対で、貧乏で身分も低い人。つまり、金と身分の二つの要素の有るなしで、他人の対応は逆さまになるものだということ。もちろん、見出しの句は後者に該当し、なぜ、妻子が離れる、つまり逃げだすかといえば、いうまでもなく貧乏である上、身分が低く世間から蔑《さげす》まれるからだ。妻子版以外にもある。「貧乏に親戚離れ富貴には他人も寄る」は、順番を入れ替えた親戚版といえるものだ。

貧乏に関することわざは多くある。「四百四病より貧の苦しみ」とは、どんな病気よりも貧乏が一番辛いということ。また、「金の無いは首の無いに劣る」は、金のないより首のない方がまだましだ、というもので、それほどに金が大事とすることわざだ。見出しの句は、大事な金がないのに留《とど》まらず社会的身分も低いわけだから、妻子にとってはこれほど耐えがたいことはないというわけだ。

あるあると言うて無いものは金《かね》と化け物

一見したところではありそうで、実はないのが金と化け物というもの。江戸期の心学の書『心学道の話五編』（智恵と才）に「何国《いづく》の浦でも、ある〳〵というて無いものは、金と化物」と用いられている。

このことわざにはバリエーションも生まれている。「無い無いとて有るものは借金」とか、「無い無い言うて有るものは虱《しらみ》」といった句が頭になり、見出しの句がそれに続くものだ。

世の中に金持ちはいるわけだから、金がないのは庶民とか一般人ということになろう。そこへいくと化け物は、ことわざの世界ではないのが通り相場のようだ。例をあげてみよう。「下戸《げこ》と化け物見たことない」は、世の中に酒を飲めない者はいない、だから、酒はおおいに飲むべしという呑《の》ん兵衛《べえ》の正当化論といえるものだろう。「箱根からこっち（東）に野暮《やぼ》と化け物は無い」は、無粋を蔑み、粋《いき》やいなせをよしとする江戸っ子の田舎者に対する自慢だ。この他、いくつもあるところをみると、どうも化け物の存在は希薄なようだ。

医者が手を放すと石屋の手に渡る

「医者が手を放す」とは、患者の病状が重く死を意味することになるので、医者に治療費を払う必要はなくなる。「石屋の手に渡る」とは、死者のための墓を建てることなので、石屋に墓石の代金を払うことになる。つまり、金は死んでも掛かる意となる。

死や医者にまつわることわざは軽く五、六百を超えるくらい多くある。数多《あまた》ある中で、このことわざくらい印象度の強いものはあるまい。と、高い評価を下したが、それなりの理由がある。まず、医者と石屋が類音で語呂《ごろ》合わせになっていることがあげられる。口にした時の口調のよさは、ことわざにとっては生命線だ。語呂合わせは同音異義語の多い日本語にみられる重要な技法で、よくことわざに取り入れられている。この他、手が反復された上、「放す」と「渡る」の動詞が反意語となっている。十八音の短い句の中に三つの技巧が織り込まれているというわけだ。

なお、言い回しとしては、見出しの句よりもっとストレートな「医者が取らねば坊主が取る」もあるから、ことわざが扱うと死というものまでが面白くなってしまうのだ。

春の雪と歯抜け狼は怖くない

いくら狼とはいえ歯がなければ怖さはまるで違うだろう。ライオンなどネコ科の動物なら爪は大きな武器になっているが、狼や犬のイヌ科の主たる武器は嚙《か》みつくことに尽きる。歯がなければ嚙みつかれても酷《ひど》いダメージとはならない。

また、春の雪がなぜに怖くないのかといえば、降っても積もらないからだ。これは「解けやすいのは春の雪と繻子《しゅす》の帯」ということわざが説明となっている。繻子の帯は、縦糸あるいは横糸を浮かせて織った絹織物で結んでも解けやすく、この性質が同じ解けやすさという点で春の雪と関連づけられたという次第だ。解けやすいのが春の雪ということから、はかないものの譬えとなっている。「年寄りの命と春の雪」と老人の命と同等に扱われているし、また、「年寄りの達者春の雪」と、老人が元気なのは春の雪のようにすぐになくなるというからだ。

なお、見出しの句には類句として「春の雪と叔母の杖は怖くない」と「春の雪と他所の地頭《じとう》殿は怖くない」がある。叔母《おば》の杖《つえ》は強くなく、他所《よそ》の地頭は自分には関係がないからだ。

人は一代七転び

人の一生は、山あれば谷ありで、いい時もあれば悪い時もあるといわれる。これは多くの人々に当てはまるのだろう。そうしたことを言い表すことわざも「七転び八起き」、「禍福は糾《あざな》える縄の如し」、「沈む瀬あれば浮かぶ瀬あり」「苦あれば楽あり」といくつもある。面白いというか、不思議というか、これらは、どれも悪いことが先になっている。どうしてであろうか。これは思うに、人が今の苦難を乗り越えれば、未来には明るい希望があるのだと励ましの意味合いが込められているからではないだろうか。

見出しの句は、明治時代の小説家・川上眉山《かわかみびざん》『白藤《しらふじ》』（七）に「人は一代七転《ななころび》、心弱くては何も出来まじ。形容《みえ》も厭《いと》はず外聞をも構はず、身を捨物にして及ぶだけの事をすべし」とでてくる。一代七転びとは、人は一生の間に何度も苦難に陥るということ。そうした何度もの苦難にもめげることなく、必死になってやれることをやれば逆境に耐え、打ち勝つことができるとするものだ。

人の心と西瓜は皮一重

人間の心は、どんなことを考えているのか量りにくい、という譬え。江戸の浮世草子作家・江島其磧《えじまきせき》の『咲分五人娘《さきわけごにんむすめ》』（第二）に「御出生より御十三迄、片時《へんじ》はなれず抱《だき》かゝへてゐたまひしお袋のよもや見違はせられまじ。扨《さて》は謀計《はかりごと》にのせられしか。誠に人の心と西瓜は皮一重。下は白いか赤いか、割《わっ》て見ねば知れぬもの」とある。スイカは厚い皮があるから中が熟して美味《おい》しいか、未熟で美味しくないかは割って食べてみなければわからない。人間も面の皮一枚は薄いとはいえ、その下では何を考えているかわかったものではない、ということだろう。

類義のことわざに、「人の心にある謀《はかりごと》は深き井の如し」というのが『旧約聖書』（箴言・第二十章）にある。こちらは心の中の謀ということで、もう一歩深いもの。だが、どちらにしても、心奥がわからない点では同じ。東洋にもある。『荘子』（列禦寇《れつぎょこう》）には「人の心山川より険し」と、人の心は険しく山川より危険だといっている。

八卦《はっけ》八段うそ八百

八卦は易《えき》に基づく占いのこと。八卦という言葉自体は死語になっていようが、生きながらえて使われていることわざが他にもある。占いは当たる場合もあれば外れる場合もある意の「当たるも八卦当たらぬも八卦」だ。洋の東西を問わず占いは古くから盛んだし、種類も多い。西洋では占星術・タロットカード・水晶占いなどが知られるし、東洋では易・四柱推命・手相など色々ある。現代でも特に若い女性を中心に、お手軽な血液型や星座占いは人気が高いようだ。

見出しの句は、易による占いだから東洋のものだが、占いには嘘が多いということを意味している。「八卦八段嘘九段」ともいう。両方の句とも内容は誉められたものではないが、言い回しはなかなか凝ったところがある。片方は八の字を三回も繰り返しているし、他方は八と段を各々二回繰り返すリズムのよさがある。占いが当てにならないのは、「占い師身の上知らず」との皮肉なことわざが示すように、占う本人が自分の運勢がわからないと言っているのだから仕方がなかろう。

年寄りと古骨《ふるぼね》は抱えている程邪魔

古骨とは古い傘のこと。古くからある和傘は竹の骨に和紙を張り防水を施したもの。丈夫な和紙でも紙だから古くなれば破れることもある。そんな使えない古い傘と老人は邪魔な存在に過ぎないということ。古希を過ぎた筆者は、十分に老人のお仲間であると自覚しているし、長生き願望も否認しているのだが、それでも古傘と同列に扱われるとなると、正直あまりいい気持ちはしないのだが……。鶴屋南北の『勝相撲浮名花觸《かちずもううきなのはなぶれ》』（中幕）で用いられているが、これまで未知のもの。

このことわざと同じ側にあるものに、「年寄りと仏壇は置き所がない」というのがある。老いた親はかつては自分を生み育ててくれた恩ある存在だし、仏壇は祖先の位牌《いはい》を祀《まつ》る大切なものでおろそかにはできないものだが、どことなく鬱陶《うっとう》しいもの。こうした年寄りに対する否定的なことわざは、肯定的なものより数の上では優勢だ。これは日本だけに限らず世界的傾向のようで、オランダでは「狼も老いればカラスに跨れる」、ビルマでは「猫も年を取り過ぎるとネズミが怖がらなくなる」といっている。

かんざしも逆手に持てば恐ろしい

日本髪を飾るかんざしの飾りの部分は色々なデザインがみられるものだが、髪に挿す部分は長い太目の針のようになっており、だいたいどれも同じだろう。言い換えれば、飾りの付いた太い針を髪に挿していることになるわけだ。おぼろ気な記憶で恐縮なのだが、テレビドラマ『水戸黄門』で由美《ゆみ》かおる演じるお銀が、武器の代わりにかんざしを使う場面があったように思うのだが、どうであったか。

この句は農学・倫理哲学者の新渡戸稲造の『自警録』(第四章)にあるもの。引用すれば、「この点にいたると婦人は侮《あなど》るべからざる強いところがある。日ごろは一つの柔《やさ》しき飾りに過ぎぬ『簪《かんざし》も逆手に持てば恐ろしい』。こういう強味は世に処する上において、どうしてももたなくてはならぬ」と用いられている。女は強し、というところだろう。

これより前の時代にはみられない句なので、新渡戸自身による創作の可能性もあろう。語句の意味としては、ものは使い方次第でどうにでもなるものだということだろう。

たとえに違うた事は一つもない

この「たとえ」とは、ことわざの異称。もっとも、異称というと本家に対して分家みたいなものになるが、正確にいえば、古くはこちらの方が本家本元に当たっていたといえる。たとえが平安時代の昔から常用されたのに対して、ことわざとの呼称が常用になるのは江戸時代からとみられるからだ。

ことわざの顕著な特色の一つとしてあげられるのが、ことわざ自体による自己規定が存在するというもの。つまり、ことわざとは何か、どういうものか、といった類だ。これは、日本のことわざに限らず世界的なレベルで確認できる。

見出しの句は、江戸期の読本『川童《かわたろう》一代噺』（巻三）で用いられているもので、意味はことわざが伝えんとする内容に間違いはないというもの。これに似たことわざが「譬えに嘘なし、坊主に毛なし」と「牛の鞦《しりがい》と諺とは外れそうでも外れぬ」。その他「譬えに漏れたることは無し」「譬えと豆腐汁は捨てる所《とこ》無い」と色々ある。

鱈汁と雪道は後がよい

後になった方がよいことの譬え。スケソウダラや真鱈を長ネギ・ゴボウなどと煮る鱈汁と雪道が、どうして「後がよい」というのであろうか。

鱈汁の場合は、ぐつぐつ長く煮込んだ方が味に深みが増して美味しくなるのはわかる。では、雪道はどうか。せいぜい十センチ程度しか降らなかったとしても、道路が凍結してはなはだ厄介。舗装路でなければぐちゃぐちゃになって、これも厄介。どうみても後がいいとはいえない。

この句は雪国で読まれたことをイメージしなければいけない。雪深い土地では、新雪が積もった道を歩くのは大変。踏み固められた道であれば歩きやすくなるから、人が踏んだ後がいいというわけだ。考えてみれば、鱈汁も新潟や北海道など北国のものだ。

なお、類句としては「雪道と魚《うお》の子汁は後ほど良い」「雪道と打《ぶ》ち豆汁は後が良い」と異なる汁物が登場することわざもあれば、汁ではなくトロロだという句もある。その土地の郷土食に置き換えられて言い伝えられてきた句といえよう。

二度死んだ者はいない

有り得ないことをいう譬え。「二度は死なぬ」ともいうが、こちらは一度限りの命だから粗末にするなといった教訓めいた意味合いよりも、単純に起こりえないことを譬えることに主眼が置かれている。見出しの句はそうしたニュアンスを帯びる。有り体にいえば「そんな奴はいない」という気分で使うべきもの。精神界では宗教の世界に甦《よみがえ》りを信じる類が少なからずあるようだが、そうしたものは精神や意識に関わることで、ここでの対象ではなかろう。

この句は江戸歌舞伎の集大成者として知られ、幕末から明治にかけて活躍した河竹黙阿《かわたけもくあ》弥《み》の『盲長屋梅加賀鳶《めくらながやうめがかがとび》』（五幕目）にあるもの。悪さを働いた咎《とが》で、死のうと思った人物が死神と対話するという奇妙な設定の場面で使われている。「外《ほか》に死にやうはねえか知らん。（ト死神石を拾って袂《たもと》へ入れ身を投げる事を教へる）成程《なるほど》、首を縊《くく》るより飛び込む方が早手廻しだ、何にしろ死ぬのは初めて、然《しか》し二度死んだものはない」とある。

飲《あが》らぬ酒には酔わぬ

江戸後期の式亭三馬の滑稽本『柳髪新話浮世床《りゅうはつしんわうきよどこ》』（二編）に「酒屋の門《かど》に三年三月《みつき》お立《たち》被遊《あそばされ》ても、飲《あが》らぬ酒には酔はぬ道理」とある。言い方が少し違う「飲まぬ酒には酔わぬ」ともいい、こちらの方が一般的だ。見出しの句の言い回しは、食べ物や飲み物を「おあがりなさい」というように丁寧な言い方になる。

酒を飲まなければ酔うことがないのは、ごく当たり前なこと。一般にどんな物事でも、結果は原因があってこそ生じるもの。良き結果には良き原因、悪しき結果には悪しき原因があると考えるのが因果の法則だ。こうした意味のことわざでは、かつては上方系いろはカルタの「蒔かぬ種は生えぬ」が知られていたが、近年は西欧から入ってきた「火の無い所に煙は立たぬ」に取って代わられている。見出しの句も、現代はことわざとして殆《ほと》ど使われておらず存在が危うい。

なお、身に覚えのないことによって不本意な結果になる意の「飲まぬ酒に酔う」との反対の言い回しの句もある。身の回りの現実をみれば、両方ともにある事柄だ。

酒を飲まなければ酔わないのは当たり前のこと。実は、この手のことわざは多い。上方いろは「蒔かぬ種は生えぬ」も同じ。なお、「飲らぬ」は「あがらぬ」と読む（図参照）。

裸で道中なるもんか

素っ裸で旅はできないことから、金を持たずには何もできないということの譬え。この句は、江戸期からみられることわざで、旅が多くの人に広がった時期に連動しているのかも知れない。現代でこそみられなくなった句だが、明治期にはまだ健在であった。漱石の『吾輩は猫である』（七）には、「北欧は寒い所だ。日本でさへ裸で道中がなるものかと云ふ位だから独逸《ドイツ》や英吉利《イギリス》で裸になつて居れば死んで仕舞ふ」とある。その他、坪内逍遥《つぼうちしょうよう》の『桐一葉』（第二段）などにもみられる。

ホオズキと娘は色づくと虫がつく

ホオズキが赤く熟すようになるとそれにたかる虫が付く。若い娘も年頃になると誘惑しようとする男が近づくようになる。楽しみなことには心配の種ができるものだという譬え。

ホオズキカメムシという名の虫がいて、ピーマンなどに付いて害をなす。もちろん、名前の通りホオズキにもよく付く。一方、娘も年頃ともなれば色気もでてくる。その色気にひき付けられるように誘惑の手がのびてくるというのだ。ホオズキと娘を重ね合わせて、ともに赤く艶《つや》やかに色づいていく情景は、ほんのりとした色香を放つ句となっている。

食は人の命

言うまでもなく、人は呼吸をし、食べて、寝ることで生物として生きていられる。江戸時代初期の見聞集『慶長見聞集』（巻八）に「食は人の命也。よく味ひ調へぬれば大徳とす。故に世俗にも命は食に有りといへり」とある。この短い引用文には二つのことわざが示されている。普通に知られているのが後半にある「命は食に有り」。昔から食事の大切さはことわざにもしっかりと表されていたのだ。見出しの句は、これまでにない言い回しで、同義の句に「食は命の親」というものはあったが、それよりもズバリそのものの表現なので、その分強く響く。

第六章　事物・事象のたとえ

事柄や状況を、別の何かに置き換えて表現したものをあつめた。いわゆることわざによる「たとえ」である。

ここでは、単語の組み合わせの妙を楽しんでほしい。「虎と竹」、「心太《ところてん》と蒟蒻《こんにゃく》」、「小判と米」、「石と裃《かみしも》」など、二つの言葉の組み合わせで、何かを譬《たと》えているのである。正解は本文をご覧いただきたい。

それにしても恐るべきは、数百年前の言葉の組み合わせが、現代においても納得のいくたとえになっていることだ。小判が一万円札になり、駕籠《かご》が自動車に代わり、提灯《ちょうちん》が電球になっても、日本人の根っこは同じであることを思い起こさせてくれる。

取り上げたのは江戸時代のものが多いが、江戸の庶民が抱いていた感覚は我々の体に確実に受け継がれていることを、改めて感じとることになるであろう。

虎を描いて竹を添える

明治時代の戯曲家・坪内逍遥の『浦島を作せし顚末』には「多少寓意もありますが、それを自身で説明するは、虎を画いて竹を添へて、そして『虎』と付箋するやうなもので、余り器量がよくもないからやめます」と、この句を用いた一文がある。つまり、物事が何であるか証明する際に、対象となるものだけでは済まず、それに付随する物を付け足した上に、さらに対象に名を付けたものを添えることをいう。説明が甚だしくくどいことをいい、要領をえず、もどかしいことにもいう。

このように虎を絵にするということわざは他にもある。「虎を描いて犬に類す」との句が中国の古典にあり、日本でも、そこそこ知られるもの。これは虎を描いてみようとしたものの、できた絵は犬のようになってしまったというもので、意味は能力がない者が優れた人の真似をして不首尾に終わったりすることを譬えている。また、犬ではなく猫になったとするものもあるように、虎を絵にするのは案外難しいのかも知れない。

ナメクジが足駄《あしだ》はいて富士の山へ登る

足駄は歯の高い高下駄《げた》のこと。主に雨天用として使われた。歯の低い下駄より歩きにくい。そんな歩きにくい足駄をはいてナメクジが富士山を登るというのが見出しの句。ナメクジは動きの遅い生き物の代表格だから、そのナメクジが足駄をはいて富士山を登るとなれば前途ははるか彼方《かなた》だ。既存の辞典類にはみられない句だが、平賀源内たる風来山人の『前太平記古跡鑑《こせきかがみ》』(第十)に「喰《くら》ひたらぬ痩《やせ》腹へ一天下を呑んとは、蛞蝓《なめくじ》が足駄《あしだ》履《はい》て富士の山へ登るも同然。及ばぬ事と知りつゝも」と用いられている。

のろのろ動きが遅く物事が進まない譬えに「ナメクジの江戸行き」という同義のことわざがある。こちらは、ナメクジが江戸まで旅をするというもの。さらに譬えるものを別にした「膝頭で江戸行き」との句も上方系いろはカルタで使われていた。膝頭とは膝を地面に付けて歩くことだから、これまた遅々として進まない。

この同類の三句を比べてみれば、どれも似たり寄ったりながら、誇張度では足駄をはいたナメクジ君に軍配が上がろうか。

朝比奈《あさひな》と首引き

朝比奈は鎌倉前期の武将で、朝比奈義秀《よしひで》のこと。朝比奈三郎とも呼ばれるが、これは通称。母は木曾《きそ》義仲《よしなか》の妾《めかけ》・巴御前《ともえごぜん》。サメを三匹生け捕りにしたとかの伝説を持つ剛勇で名高く、弁慶《べんけい》などと並んで日本を代表する勇士として知られる。

首引きは、お互いの首に綱を廻《まわ》し、首の力で綱引きをして力比べする遊び。平安時代の絵巻『鳥獣人物戯画』にもでてくる歴史のある遊びだ。明治時代まで続き、その後は廃れてしまい、代わって登場したのが腕相撲だった。もっとも、厳密には腕押しと呼ばれた腕相撲も江戸期には微々たる少数派としてあることはあった。

いずれにせよ、こうしたことから見出しの句の意味は強力者との力比べを表し、勝ち目のない及びもつかないことをいう。

このことわざの特徴の一つが、文学作品などで使われるよりも、刀の鍔《つば》や絵などの作品でつかわれることが多いという点。江戸の有名絵師である英一蝶《はなぶさいっちょう》が描いた『一蝶画譜』（図）や絵巻にした『故事人物図鑑』の他に、何人もの絵師が作品化している。

虎の子渡し

中国の故事に由来する話。親虎が三匹の子供を川の対岸に運ぶ際の苦労についていうもの。川を渡ることが、どうしてそれほどの苦労なのか疑問が起ころう。これには訳がある。虎は子が三匹生まれると、そのうちの一匹はヒョウで他の子を食ってしまうのだそうだ。そこで、親は岸に虎の子とヒョウの子を一緒にはしないよう講じるしかない。川を渡る時は、一度に一匹ずつしか運べないので、まずヒョウの子を渡す。元の岸に戻ったら次は虎の子を一匹運ぶが、その帰りはヒョウを連れて戻る。次に、ヒョウを残して二匹目の虎の子だけを運ぶ。空身で戻って最後にヒョウを運ぶというものだ。

この句はことわざとしては使われなくなったが、文物になったものは今もよく知られている。有名な京都の竜安寺《りょうあんじ》の石庭は、虎の子渡しの庭として江戸時代より人気がある。石の数がみる角度によって違うことから、やりくり算段する譬えとなる見出しの句の名が付いたとされている。この種の石庭は京都・南禅《なんぜん》寺《じ》にもある。その他、日本画の画題はもとより、日本刀に付く

小柄《こづか》や羽織の裏に施された模様などに多くみられる。前ページの図は江戸中期の狩野《かのう》派の絵師・石里洞秀《いしさとどうしゅう》による掛軸（部分）のもの。

耳取って尻拭《しりぬぐ》う

信じがたい突拍子もないことの譬え。また、無茶苦茶なことの譬え。

この言い回しが、どうしてこんな意味になるのだろうか。訳がわからなければ、納得もできないだろう。これはつまり、自分の耳たぶを切り取って、それを落し紙（トイレットペーパー）として尻を拭うのに使うということだ。もちろん、現実には有り得ないことで、日本のことわざによくみられる物事を極限的に誇張する表現の一つ。まあ、それにしても、よくこんな言い方を思いつくものと呆《あき》れる以上に感心さえしてしまう。

この句は、江戸中期に出回った気質物《かたぎもの》と呼ばれる浮世草子の一種『世間学者気質』（巻四）にでてくる言い回しで、驚くほどに毛色の異なるものだ。

ただ、類句の「耳取って鼻かむ」という句は少し知られていた。こちらは鼻紙の代わりに耳たぶで鼻をかむというものだから、どちらが突拍子ないか、にわかには甲乙付けがたい。しかし、距離の上では耳と鼻と、耳と尻とではその差は明らかなので、尻に軍配が上がるかも知れぬ。

金米糖《こんぺいとう》の綱渡り

危なっかしいことの譬えとして「累卵《るいらん》の危うき」ということわざがある。これが、なぜ危ないのかといえば、卵をいくつも積み上げた状態にしたものなので、不安定甚だしいものになるからだ。

危うさを表すには色々な手法がある。見出しの句で金米糖の部分を動物にして背の高いキリンが綱渡りする譬えにするとどうか。いうまでもなく危ない。綱渡りするには、丈が高過ぎることによる不安定さがあるからだ。さらには、地と接する密着度の高い蛇とかカタツムリではどうであろうか。キリンに対するような危うさのイメージは起こるまい。要するに、不安定であるか、否かは、事物の形状とその動きに関わるとみてよさそうだ。

見出しの句は、明治期の文学者・二葉亭四迷《ふたばていしめい》の評論『文壇を警醒《けいせい》す』にある語句。金米糖は珠《たま》状のものにたくさんの角状の突起があるお菓子。平面を転がしても真っ直ぐに進むのは難しい。ましてや、綱渡りをするなんてことは、危険極まりない。そんなことから、この句の意味は、荒々しく危うい試みを譬えることになる。

石に裃《かみしも》を着せる

固い石に角ばった感じのある裃を着せるということから、この上なく堅苦しいこと。また、頑固一徹な人を譬える。裃は江戸時代の武士の正装。小袖《こそで》（現代の和服の元）の上に袖のない短い肩衣を着け、下半身に袴《はかま》を着けたものをいう。現代でも、時代劇の中や格式のある改まった場で着用されている。「裃を着る」という語句があるが、格式ばって堅苦しい態度のことだ。一般的にも、裃に対するイメージは堅苦しさと重なる。なぜか？　推測になるが、肩衣は肩より横に広く張りだし、しかも、皺《しわ》一つなくピンとしているので、厳《いかめ》しさや厳《おごそ》かさが感じられる。それが堅苦しさに連なっているのであろう。

見出しの句は、江戸期の黄表紙などにも使われているが、以下に明治の文豪・森鷗外の『智恵袋』（四十五）で「儀容」という言葉について述べた箇所に触れたい。「さればとて儀容整はざるときは、人の錯《あやま》りて其品性をさへ見下すことあるべきを奈何《いかん》せん。儀容とはしかつめらしく圭角《けいかく》ある謂《いひ》にあらず、石に上下《かみしも》着せたる如き謂にあらず」とある。

仏に蓮華《れんげ》

式亭三馬『柳髪新話浮世床《りゅうはつしんわうきよどこ》』(初編)にみられる句。「別して鯨舎《げいしゃ》(芸者)は世事《せじ》が看板だ。それだから、はやる事を見ねえナ。第一座敷が上手だに、芸が能《いい》ときてゐるに、面《めん》がまぶいと云ふもんだから、鬼に金棒、仏に蓮華だ」とある。

この引用文には衆知の「鬼に金棒」と見出しの句が並べられている。普通に知られる「鬼に金棒」の意味は強い者がさらに強さを増すことの譬えだが、文脈からみて少々違うように感じられる。この文では、芸者を褒める言葉が述べられ、お座敷が上手、芸は優れ、顔は美しいと褒め言葉を三つも並べたて、その流れの結びとして「鬼に鉄棒」が用いられている。ということから、優れた者に相応《ふさわ》しいものが加わって、一段と引き立つことの譬えと解釈できる。

この解釈は、続く「仏に蓮華」を分析すれば妥当であると理解されよう。蓮華とは、仏像を安置する台座のこと。仏像が人々から尊崇されるのは、仏像本体は当然ながら、仏像といわば一体になっている台座と光背が具《そな》わっていると言えるからなのだ。

いつも小判に米の飯

まったく苦労を知らない気楽な生活の譬え。この句は江戸中期の洒落本《しゃれぼん》『徒然《つれづれ》睟《すい》か川』に「いつも小判に米のめし。喰てみぬうちは味ひしれず。論語《ろんご》不読《よめず》の論語きらひ。茶の湯しらずの茶の湯譏《そし》り。およばさるはそしると。其道をしらぬゆへなり」と用いられている。江戸時代ではお米のご飯が食べられるのは豊かな人だし、小判も高額な金。だから、そんな、豊かな生活が送れたらどんなにいいことかなと誰しもが思ったのだろう。しかし、現実はそうはいかない。

この句はこれより前の使用例が確認されていないので、ことによると、似た句を踏まえるか、真似をしたものであるかも知れない。以前にあった似た句としては、「いつも月夜に米の飯」というもの。小判が月夜に代わっただけの句とわかる。なぜ、それほどにも月夜がよいかといえば、電気のない江戸時代だから、月夜は夜が楽しめるというのだろう。小判の方が現実の快楽感が強いのに対して、月夜には風流を愛《め》でる姿勢が窺《うかが》われて奥ゆかしい。

ひき蛙を塗盆《ぬりぼん》に載せる

ひき蛙はガマ蛙ともいう大形のカエルのことであり、塗盆は漆を塗ったお盆のこと。なぜ、ガマを塗盆に載せるのかといえば、ガマから油を取りガマ油を作るためだ。ガマ油の売り口上は、茨城県の筑波山《つくばさん》界隈のものがよく知られる。筑波山のものに登場するガマから油を取る方法は、塗盆ではなく四面《しめん》の鏡張りの箱。この箱に入れられたガマが鏡に映る自分の醜い姿をみて汗を流すので、その汗を採取して軟膏《なんこう》の薬とするのだという。見出しの句の塗盆は漆塗りなので、光沢があって鏡のように姿を映すから油を取ることができるわけだ。意味は、緊張したり恥じたりする際に汗を流すさまをいう。

なお、この句が用いられている文例は、江戸後期の『尾上松緑百物語』（第一）にある。「深窓の姫宮といふとも、恥ぢざる程の気色にて、小平次は只総身《ただそうしん》より冷たき汗のみかきて、四下《あたり》まばゆく只うろ〳〵と、誠や蟇蛙《ひきがえる》を塗盆に載せたるとは是なるべし」と、美しい姫を前にしたように男がおろおろとして冷や汗をかく形容として用いられている。

酒呑童子《しゅてんどうじ》と腕押し

酒呑童子は丹波《たんば》の大江山《おおえやま》に住む鬼の首領。身の丈は六メートル、角が五本、目は十五もあったという。赤い顔をした大酒呑みでも知られた。当時の都では人さらいが横行していたが、安倍晴明《あべのせいめい》の占いで犯行が大江山の鬼であることが判明。藤原道長の命で、源頼光《よりみつ》や渡辺綱《わたなべのつな》、坂田金時《さかたのきんとき》などの頼光四天王らによる征伐隊が編成され大江山に向かい、うまく変装した上で、酒呑童子に毒酒を盛って成敗した。討ち取られた首は都へと運ばれ凱旋《がいせん》した。こうした伝説は、のちの絵巻・狂言・浄瑠璃《じょうるり》など様々な文芸に取り込まれたり、中には東京の神田明神《かんだみょうじん》の「神田祭」で山車《だし》になって披露されているものもあるくらいに深く日本の文化に影響を及ぼしている。

腕押しは、相手との力比べをする現代の腕相撲のこと。この句の意味は、巨大で強力な酒呑童子にはとうてい敵わないというもの。江戸後期の戯作者・山東京伝《さんとうきょうでん》の『手段詰物娼妓絹籭《てくだつめものしょうぎぎぬぶるい》』（第一回）にみられるが、従来は未知のことわざの一つであった。

簀子《すのこ》の下なる力芸《ちからわざ》

滝沢馬琴の『南総里見八犬伝』（第九輯巻三十六）に「然《さ》るを勝がたしと知りながら、戦ふて、我士卒を、多く喪《うしな》ふことあらば、反《かえっ》て是不忠也《これふちゅうなり》。世の鄙語《ことわざ》に云、簀子下《すのこのした》なる力《ちから》芸《わざ》」と用いられている。ここで注目したいのは、この句を馬琴が世の鄙語《ひご》だとしていることだ。この『南総里見八犬伝』が書かれた時期にはことわざであったというからだ。

馬琴は中国の古典などにも明るかったこともあろうが、作品の中にことわざをよく用いていた。しかし、見出しの句は他ではみられないもので、意味は無意味・無駄なことの譬え。これと同じ意で現代よく知られることわざが「縁の下の力持」。こちらは今でこそ陰で人につくすような行為やそうした人をいうプラスのイメージとなっていることわざだが、江戸時代では、人からみえない場所で力芸を披露するような反対の意味になる無駄な行為の譬えであった。意味合いが、後年になってマイナスからプラスへと変化したことわざなのだ。見出しの句は、意味が変化することもなく、そのまま消えてしまったというわけだ。

提灯が釣鐘に嫁入り

チョウチン家の娘がツリガネ家に嫁入りしたといえるようなことわざ。両方の家の形は丸状で似たところがあるものの、大きさや材質がまるで違う。一方が小さく軽い紙であるのに、他方は大きく重い金属だ。対照的なほどに違いのある両者が結婚した場合、果たして、うまくいくだろうか。両者の性格・好みなどが真反対の場合に往々にして対立やもめごとに繋《つな》がる様を表したものだ。

提灯と釣鐘が一つになった句には、「提灯に釣鐘」という比較的知られたことわざがある。こちらは不釣合いの譬えで、両者があまりにも異なる存在であるからだ。

見出しの句は、心学の書『売卜先生糠俵《ばいぼくせんせいこぬかたわら》』（後編六）に「提灯が釣鐘に嫁入して、結構なるものを着飾り腰元《こしもと》数多《あまた》連《つ》れるを見ては、あやかりものじやの、仕合《しあわせ》のと、他の目からはうらやめども、外がはばかりで、内は見えぬ。根が釣合はぬ縁組」とある。

提灯や釣鐘といった人造物を擬人化する方式は、やはり、どんなものでも譬えにしてしまうことわざならではの技法といえようか。

心太《ところてん》の幽霊をこんにゃくの馬に乗せる

ツルツルで舌触りのいいトコロテンは江戸時代では間食として人気がありトコロテンを売り歩く商売もあったほどだ。この句がいっているのは、トコロテンでできた幽霊をコンニャクでできた馬に乗せるというもの。ツルツルしたトコロテンをプリプリしたコンニャクに乗せるというわけだから、これは大変。さっそうとした乗馬姿など望むべくもなく、グニャグニャでまともに立つこともできまい。そんなことから、ことわざの意味もグニャグニャな状態の譬えとなる。

それにしても奇抜というか、奇妙奇天烈《きてれつ》な言い回しは、ことわざの大きな特徴の一つだ。チャンチャラ可笑《おか》しいことをいう「臍《へそ》が茶を沸かす」、好都合なことが起きる「鴨がネギを背負ってくる」、鼻毛が長いことを譬える「鼻毛でヤンマ釣る」などキリなくある。

見出しの句は、数ある奇想ことわざの中でも特に目に留まるものだろう。ただ、残念ながら、江戸中期ころの『新つれづれ草』という物語で用いられたものだが、その後は忘れられたままになっている。

石垣に串柿

言葉は似ていても、まったく違うものをいう。また、うっかり早とちりすること。

漢字一つ毎《ごと》の読みは、イシにクシであり、カキにガキであるから少しずつ違うのがわかるが、単語ではイシガキとクシガキとなり、音を聞くだけでは違いはわかりづらい。文字でも平仮名やカタカナでは判別が容易ではなく、漢字にしてはじめて理解できる。

この句と同じように、共通するところがある一方で別の物とする譬えはいくつかある。形は丸く似ていても中身がまるで違う「月とスッポン」や、形は似たところがあるものの重さや大きさに違いがある「瓢箪に釣鐘」などの句が知られる。

これらに対して見出しの句の知《ち》悉度《しつど》はかなり低いが、言い回しがことば遊びとなっており、印象に残る。

同音異義語の多い日本語で、こうした類似の音を利用したことわざには、「やすりと薬の飲み違い」というちょっと面白い句もある。こちらは「やすり」と「くすり」の類音に留まらず「や（八）」と「く（九）」と数詞にも掛けた凝った技巧が窺えるものなのだ。

雲をつかんで霞《かすみ》に腰をかける

「雲をつかむ」という句がある。漠然として捉《とら》えどころのないことをいうものだ。一口に雲といっても色々だが、高い山に登ったことがある人なら、雲の中を歩いたり、眼下に雲を眺めた体験があろう。その時の雲は煙のようなもので、手で摑《つか》もうとしてもつかめる物ではない。からきし手ごたえも何もないのだ。霞は霧や煙などが立ち込めたものなので、これまた手ごたえも足掛かりもない存在だ。茫漠《ぼうばく》としたこのような二つの存在を相手に摑んだり、腰掛けるという句だから、意味することは、曖昧《あいまい》で要領をえないこととなる。

この句は夏目漱石が『文学入門』（生田長江《いくたちょうこう》著）に寄せた序文にある。

「早い話が古来から文学者抔《など》が文学は如何なるものぞと云ふ質問に対して答へた文学の定義を見ると余程面白い。千差万別である。のみならず雲を攫《つか》んで霞に腰を掛けてゐる様な不得要領なものばかりである」

ユーモアのある句として感心するが、漱石以前にこの句の存在は知られてないことなどから、漱石による創作の可能性がある句と推定しているのだが……。

鹿を追う山に駿馬《ときうま》を獲《え》る

鹿を仕留めようと山中を歩くうちに思いがけず駿馬《しゅんめ》が手に入ったというもので、予期以上のことが起こる譬え。現代人の感覚からすると、鹿狩りにいって馬が捕れるなんて意外な感じがするに違いない。もちろん、これは譬えだから、実際の馬ではないかも知れないが、野生馬の可能性もあろう。

この句は滝沢馬琴の『青砥藤綱模稜案《あおとふじつなもりようあん》』（巻二）にある。「今宵の首尾をよろこび聞え、やをら屏風を推《おし》ひらきつゝ臥房《ふしど》に入り、はじめには似ずうち解て、他事《たじ》なきさまにもてなせば、元二《げんじ》は鹿を追ふ山に、駿馬《ときうま》を獲《え》し心持《ここち》しつ」と、思わぬもてなしを受けて喜ぶ様子を表すのに用いられている。馬琴は他の作品でも、ほぼ同じ句を使っているので、案外気に入っていた言い回しであったのかも知れない。

人の長い一生では、このような予期を超えるいいこともあるだろうし、反対のこともある。それが、まさに人生ともいえよう。その反対のことわざとしては、「鹿待つところの狸」との句が中世の軍記物『源平盛衰記』（二一〇）にある。

鯨と鰯ほどの違い

二つのものを比較して、共通するところはあるものの、大きな違いがあることの譬え。鯨は海中で最大の動物。対する鰯は、小魚の部類になるもの。一義的には、大小の違いに用いられようが、大きさの違いだけに当てはまるものではない。この句は、幕末ころの山東京山《さんとうきょうざん》の合巻『教草女房形気《おしえぐさにょうぼうかたぎ》』（十六編）で、母親と妾とを比べた際に使われている。

類句は多い。現代人によく知られるのが「雲泥の差」。天上の雲と地上の泥を対比するものなのだが、雲は色々あり遠目に泥色に見紛《みまが》うものもある。両者はまったくの似て非なるもの。これを筆頭に、形は似ても重さが違う「提灯に釣鐘」、上方系のいろはカルタにある両方の形状が似てまったくの別物である「下駄と焼き味噌」、細くて短い箸と梁《はり》の一種で太くて長い虹梁《こうりょう》を比較した「箸に虹梁」、富士山と一里ごとに土盛りをした一里塚を比べる「駿河の富士と一里塚」などが後に続く。比較して違いをいうことわざは多いが、二つのものに共通するところのあるのがポイントだ。

クジラとイワシの違いは明らか。ことわざには「違い」を示すものは多い。上方いろはは「下駄と焼き味噌」は、木片に味噌をぬった焼味噌と下駄が似ていることから。似て非なるものの意になる（図参照）。

生木に鉈《なた》

伐《き》って枯らしていない生の木に鉈を打ち下ろすことから、いくつかの解釈が生まれているもの。一つは、鉈で木が傷つけられることから、木に毒、即ち、気の毒との洒落とするもの。次が生木の柔らかさから簡単に打ち込めることとか、手《て》応《ごた》えがないことの譬えとなる。

鉈は現代でも山仕事などには欠かせない道具であるが、普通の都市生活者の目には隔たりがあるだろう。言葉として現代も生きているのは「大鉈を振るう」という慣用句くらいであろうか。これは、国の予算の組み方をめぐる問題などでお馴染《なじ》みだ。

見出しの句には類句もいくつかある。「生木に釘を打つ」と、鉈の代わりに釘《くぎ》を用いたものや、生木ではなく、生板とする「生板に釘を打つ」といったものがある。どれも江戸時代から使われていることわざだが、どういうわけか、明治時代以降には見当たらず、歴史の波間に隠れてしまったようだ。生木が使われている言い回しとなると、「生木を裂く」とか、「生木を裂かれる」との句があるが、こちらは今日も健在だ。

大鵬《たいほう》と土龍《もぐらもち》ほどの違い

江戸中期の洒落本『跖《せき》婦人伝』に「手近くいへば、欲と虚《うそ》との二つでかためたこなた衆と、飾らず貪《むさぼ》らぬ此方《こっち》の意気かたとは、大鵬と土龍《もぐらもち》ほどの違ひなり」とある。比べるものが似ても似つかないほどかけ離れた、まったくの別のものだということ。大鵬は大鳳ともいう中国に伝わる伝説上の巨鳥。土龍はモグラ。片方が明るい空中を自由に飛翔する巨大な存在に対して、他方は暗い地中で狭いエリアを往き来する小さな存在と対照的なもの。

大鵬や土龍が使われることわざには、「燕雀《えんじゃく》何《なん》ぞ大鵬の志を知らんや」が有名だが、それ以外は全然知られていない。それでは、どうしてこの二つが対照的なものとして取り上げられたのだろうか、いささか興味が湧くというもの。古き日本では、中国から来た物品は唐物と呼ばれ尊ばれたし、鳳凰《ほうおう》は中国では麒麟《きりん》や龍などと共に瑞獣《ずいじゅう》として敬われる彩り豊かで自由闊達《かったつ》な存在。対するモグラは日の目もみない陰鬱《いんうつ》なイメージを帯びる存在。こうした対照的なイメージの違いが要因になって作られ、受け入れられていったと推測してみたが、どうだろうか。

雀網《すずめあみ》で孔雀《くじゃく》

雀網とはスズメを捕獲するための網のこと。この句は、小さなスズメを捕る網で大きく優美な孔雀を捕まえたというもの。

スズメは現代でこそ、数の減少が話題になっているが、かつては農民にとっては穀物を荒らす害鳥であった。対する孔雀は、インドでは国鳥とされているように日本でも珍重された高貴な鳥の代表格であった。日本では野生種

はいないので飼育された孔雀を捕まえるというのは、逃げだした孔雀ということになるのだろうか。あるいは単なる譬えなのかも知れない。いずれにせよ、スズメ用の網で孔雀が捕れるなんてことは望外なことになる。

この句は福内《ふくち》鬼《き》外《がい》こと平賀源内の義太夫『源氏大草紙』（四）にあるものだが、同義のことわざには「雀網で雁《がん》」いう言い回しがある。雁の肉は、代用品として「がんもどき」があるくらいだから美味なのであろう。かつては狩猟の対象として一般的な存在であり、それはことわざにも反映している。孔雀が登場する句が僅《わず》かなのに対し、雁のものは、後輩が先輩を追い越す「後の雁が先になる」など数多く、ゼロが一つ付くくらいの差がある。なお、見出し語の海洋版といえるのが「鰯網に鯨の漁」というもので、前ページの図（明治時代の商業用チラシの引札〈新版多元よいことづくし〉）にもされていた。

文福茶釜に毛が生える

『東海道中膝栗毛』の著者である十返舎一九の『万物小遣帳』（下之巻）に「文福茶釜に毛が生《はえ》たと云ふ諺あり。飛だ茶釜薬鑵《やかん》となりたるをいよ〳〵憤り。其《その》やくわんの中へ毛が生て。」とする一文がある。一九は見出しの句をことわざとみなしているが、この句は従来まで、ことわざとしての扱いを受けていなかった。言葉の起こりは群馬県館林《たてばやし》の茂《も》林寺《りんじ》に伝わる茶釜にまつわるものなので、伝説とか、言い伝えとしてみられてしまい、ことわざとはみなされなかったのだろう。ここの意味は、正体を現すとか、化けの皮が剝《は》がれる意。ここの句の特徴の一つが文例より比べものにならない程の絵や立体作品があることだ。図は明治時代の絵師・安達吟光《あだちぎんこう》による浮世絵で茂林寺が題となっている。

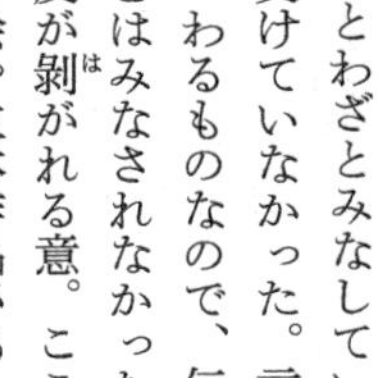

法師の櫛《くし》蓄え

僧籍にある者が櫛を溜《た》め込むということから、不似合いなこととか、無用なことの譬え。頭を丸めた僧には髪の毛はない。当然の如く、梳《と》かす櫛は無用となる。このことわざは室町時代の家訓書『上杉定政状』や、江戸中期の僧・白隠《はくいん》の『遠羅天釜《おらてがま》続集』などで無用なものの譬えとして用いられていた。この句には類句も多く、僧が櫛を作る「法師の櫛工《くしだくみ》」、僧が争いに備えて鍛錬する「法師の腕立て」、僧が戦を話題にする「法師の戦話」などがある上、「釈迦に説法」「猿に木登り」「月夜に提灯」など譬えを異にする種々の句もある。

天竺《てんじく》から褌《ふんどし》

天竺はインドの古称だから、天竺から日本までフンドシが繋がっているということ。また、「天から褌」ともいう、大変に長いことの譬え。天竺にせよ天にせよ、どちらにしても、ことわざ特有の誇張ということになる。見出しの句は、江戸時代の噺本《はなしぼん》『笑嘉登《わらうかど》』(序)に「強長《こわなが》き咄《はなし》は長崎から強飯《こわめし》、天竺より鬼の褌《ふんどし》と云しも、今の子供は不承知なれば」(強飯は「おこわ」のことで、笹の葉で包むと細長くなる)などと用いられたり、滑稽本『七偏人』や、漱石の『二百十日』で使われた、少し前までは比較的馴染みのある句であった。

一人娘が妹を連れて井戸に飛び込んで焼け死ぬ

せかせかした気分で読むと、ぎょっとする句だろう。ただし、娘が妹と一緒に井戸に飛び込んで死んだと読めばの話ではあるが……。ちゃんと読むと、この句には二つの相対立する要素があることがわかる。一つは、一人娘なのだから妹がいるはずがないこと。二つ目は、井戸に飛び込んで死ぬのは水死か溺死《できし》で、焼け死ぬは火事などだからだ。ということから、ここの意味も有り得ないことの譬えとなる。ことわざには、人目を惹《ひ》くための仕掛けを持つ句が少なくないが、その中でもこの句の仕掛けは手が込んでいる。

唐辛子を山葵《わさび》で和《あ》えた様

唐辛子をそのまま食べることもあるが、多くは、色々な食品の香辛料として使われている。七味唐辛子・ラー油・タバスコ・キムチ・マーボー豆腐や漬物類などでよく使われている。山葵の方は、高級な本山葵はそれほど辛くないものの、安い寿司屋の寿司に付いているワサビには鼻が変になるくらい強烈なものがある。こんな二種類の辛味を和えて、イチ足すイチは二のようになれば、その辛味は激辛となろう。この句は、江戸中期の談義本(世相諷刺《ふうし》の小説)『教訓続下手談義』(巻五)で、強引にする意で用いられている。

トンボの鉢巻

トンボに鉢巻をすればどうなるか。もちろん、実際にやったことのある人はいないはず。鉢巻は人の場合は、目の上から額のあたりにやる。ところが、トンボには額はないし、頭の半分以上もある大きな眼があるので、鉢巻が眼をすっぽり覆ってしまう。トンボが鉢巻をするということは、眼を隠してしまうということになる。ここから、語句の意味は、目先がみえぬとの洒落になる。トンボに鉢巻をさせるなんて発想は相当に突飛だが、巨大な複眼の代表的な存在だからこそ選定されたものとみて、大きな間違いではなかろう。

昨日の喧嘩を今日はたす

過去に成し遂げられなかったことを先送りにして果たすことの譬え。この句は、『謡曲番外後篇』（巻二岡崎）に「其時神主立《そのときかんぬしたち》あがり、さすがやさしや都人の、昨日の喧嘩を今日はたすとや」とある。謡曲は能楽の詞章《ししょう》（文言）。能に対する先入観として、能の位置は庶民層より上だとする傾向があった。そのためか、兄弟筋の狂言は庶民的で、ことわざとの関連は強いが謡曲との関連は弱いとの見方もあった。しかし、そうした見方に修正を促すものの一つが見出しの句となる。謡曲が扱った卑俗なことわざとして珍しいものだ。

西瓜と腰巻赤いほどいい

中身が黄色いスイカもあるものの、やはりスイカといえば赤いと決まっていよう。赤いリンゴも中身は白いし、柿やイチゴも赤いけれど、スイカに比べれば赤さではかなうまい。

この句は、山形県西村山郡《にしむらやまぐん》河北町《かほくちょう》谷地《やち》の奴踊《やっこおど》りの囃子《はやし》の一節で民謡として伝わるもの。人々に好まれるものとしてスイカも腰巻も赤いのがいいというわけだ。腰巻は女性の和服の下着だが、昔から赤色が好まれていた。奴踊りの囃子には、「医者と坊主は古いほど良《え》」「命と細引き長いほど良《え》」「身上と西瓜は大きほど良《え》」など、ことわざをあしらったものが多々ある。

足の裏で頭痛がする

有り得ないバカバカしいこと。また、有り得ないようなことが起こる譬え。江戸後期の歌舞伎狂言作者の鶴屋南北の作品『心謎解色絲《こころのなぞとけたいろいと》』（序幕）に「もう料簡《りょうけん》がならぬ〳〵。胸が燃えて、身が裂けて、頭で痺れがきれて、足の裏で頭痛がする」とある。「痺れがきれる」のは普通は脚で、長時間の正座ではよく起こる。「足の裏」は体の一番下だから、そこが頭痛に襲われることは有り得ない。だが、現実の生活では常識の範疇《はんちゅう》を超えるような事態も時として起こる。なお、有り得ないことの譬えの「足の裏の頭痛」との句もかつてはあった。

犬に劣れど猫に優る

明治時代の小説家であり、鋭い諷刺で知られる批評家の斎藤緑雨の『日用帳』（六）に「犬に劣れど猫に優る。こは啻《ただ》に子供の上のみならず、傍観者の当局者を評するに於て、総てに面白き俚諺《ことわざ》なり」とある。緑雨は俚諺だというが、今日までのことわざ辞典や、使用例がみられない語句だ。そこで、この句の解釈は文脈とことわざに表れる動物観から推測することにした。今はペットとして高い評価の犬猫も当時の価値は低劣であったことから、犬には及ばないけど猫よりまし、という程度の大したことのない存在という意と解してみた。

雨の降る日は天気が悪い

この句を少し変えて、「晴れの日は天気がいい」と言ったらどうなるだろう。たぶん、当たり前なことを言うな、とでも言われるのがせいぜいだろう。つまり、この句もわかり切った当たり前なことを臆面《おくめん》もなく言いつのる輩《やから》に対する批判の言葉となる。類語は特に多くはないが、比較的よく知られるのが「犬が西向きゃ尾は東」。その他、「鶏は裸足《はだし》」「北に近けりゃ南に遠い」「親父は俺より年が上」など噴きだすような傑作がそろう。なお、見出しの句は幸田露伴の『不蔵庵《ふぞうあん》物語』（其一）にみえる。

豚の軽業《かるわざ》

軽業は曲芸のこと。ここはブタ君が曲芸をするというもの。一口に曲芸といっても色々ある。この句には、江戸時代から絵にしたものがあるのだが、それらはどれもブタ君がサーカスみたいな綱渡りをしているものだ。動物の中でも太って丸みを帯びているのがブタ。その太った動物が細い綱を渡るアンバランスをいうわけだから、句の意味も危ういことの譬えとなる。

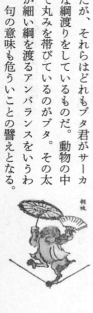

用例も江戸後期の式亭三馬の滑稽本『早替胸機関《はやがわりむねのからくり》』（巻下）などにみられるものの、絵になった作品の多いのが、この句の大きな特徴といえよう。図は明治時代の安達吟光『狂画画譜』にあるもの。

杯《さかずき》にボウフラが湧く

大都市に住む人には馴染みが薄くなっているかも知れないが、ひと昔前までなら、ボウフラは日々の生活の場にどこにでもいたものだった。庭先に放置された甕《かめ》などに雨水が溜まるといつしかボウフラが湧いている。では「杯にボウフラが湧く」とは、どういうことなのか。酒を飲む杯の中の酒にボウフラが湧いているということなのだ。むろん、そんなことは現実には起こりえない。杯の中の酒が飲まれず放置されていることを溜まり水になぞらえたわけだ。江戸時代の人情本『妹背鳥』（後）にみられ、人に酒をすすめる意となる。

人の女房と枯れ木の枝は上るほど危ない

ここの「上る」に枝に上るの意と、他人の女房に「のぼせ上る」意が掛けられている。なぜ上るのが危ないかといえば、木の枝は上や先端にいくほど細くなり折れやすくなるし、他人の女房の場合では、恋愛感情が高じれば高じるほど抜き差しならなくなり、身の破滅に繋がるというもの。不倫の危険性を木の枝に譬えた印象深い句となっているといえよう。なお、言い回しが似ている「人の女房と枯れ木の枝振り」との句もある。こちらは、他人のことを詮索《せんさく》しても仕方なく、問題にすべきではないということでまったく異なるものだ。

足を用いて頂きを掻《か》く

足で自分の頭のてっぺんを掻こうとしても思うようにはいかない。もどかしく捗々《はかばか》しくいかないことや、とうていできない無理なことの譬え。この語句は幕末の志士・坂本龍馬による『藩論』の中で用いられている。ことわざは森羅万象を扱うといわれるが、この句のように無理なことや迂遠《うえん》なことをいう句は多い。その中で、人体が関わるものに限定すると、「顎で背中掻く」とか、「二階から尻あぶる」「隔靴掻痒《かっかそうよう》」などがあげられる。どれにも、人の愚かさを奇妙な行動や行為で譬えており、人間存在の一断面を表している。

鶏卵《たまご》に四角なし

あり得ないことの譬え。鶏の卵は卵形という呼び名もあるように楕円《だえん》形に似た形だから丸に近く四角ではない。もっとも「丸い卵も切りようで四角」とのことわざもあるように刃物での切り方では四角くもなるが、切ったり、細工をしたりしなければ卵形に変わりはない。

見出し語を載せたことわざ辞典はみられないが、文例はひとつだけ確認できている。江戸期の洒落本『無論里問答《ろんのないさと》』（序）に「西東も知らぬ這出の女がそろそろと在所の土を洗ひおとし燈籠鬢《びん》に朝鮮のかんざし不好鳴笑止《すかんおおしょうし》をおぼへて当世風になるは暫しのうちの事是を見てはいかさま雀が文蛤《はまぐり》に化し薯蕷《やまのいも》が鰻鱺《うなぎ》に変じ鶏卵の四角になる事も有まいものでもなし」とでてくる。

氷砂糖を蜂蜜《はちみつ》で食う

同類のものが重なり意味をなさなくなってしまうことの譬え。氷砂糖も蜂蜜もたいへん甘くひとつだけで十分な甘さがある。香りを別にすれば片方だけで足りる。似たような意味の語句には無駄とか無用の意の「屋上屋を架す」「雪の上の霜」「土上に泥を加う」といったものがあるし、なかには良いものがさらに良くなる意の「錦上に花を添える」といったものもある。

見出し語はことわざ辞典には収載されていない珍しい語句で仮名垣魯文《かながきろぶん》『西洋道中膝栗毛』（三編下）に『大金まうけをするにゃァ危い船にも乗らざァならねへ　ハテ案じるより海（産むの捩り）が安いと利口ぶつて説《とき》つけたからおれもツイ其気になッて乗込んでとうとう水の泡と消えるのダ　なさけねへ　これで死にゃァ船幽霊《ふなゆうれい》になつて手めへにとりつくから覚えてゐろ』北『ナンノ馬鹿なことをいひなせへ　おめへが死にゃァおれもともに死ぬのだはナ　幽霊が亡者に取りつくのは　氷砂糖を蜂蜜で喰やうなものだぜ』とある。

暖簾《のれん》と腕押し

からきし手ごたえのないことの譬え。現代は、見出し語の「と」ではなく「に」の形のものが一般に広く知られる。「のれん」は江戸時代には「のうれん」と呼称されており、「のうれんに凭れる」という頼りにならないことを意味する言い回しのものが出回っており、腕押しの言い回しの使用例は知られていなかった。ただ一点、江戸期最大の俗語・俚諺辞典の『俚言集覧』には「暖簾に腕押し」が収載されていたが……。それ以降は現代にいたるまで三十五点以上の使用例が確認できている。

これに対して見出し語の方の早い例が、一九二一～一九二二年のアナキスト・大杉栄《おおすぎさかえ》の自叙伝（お化けを見た話）にあり、「それでも、もし僕等同志の結束でも堅いのであったら、また何とか方法もあったのだったろう。が、ごく少数しかいない同志の間にもこれがうまく行かなかった。同志の間にはまだ運動に対する本当の熱がなかったのだ。『僕等はまるで暖簾と腕押しをしているのだな。』当時ほとんど一人のようになっていた荒畑寒村と僕とが、よく慨き合った言葉だった」とでてくる。自叙伝（死灰の中から）にはもう一点あるので、誤植や誤記ではないことと見てとれる。大杉以外の人物でも一人いた。小説

『極楽とんぼ』（里見弴 昭和三十六年）に「弟妹たちからの注意や非難に対してさえ、ただの一度、と限定してもいいほどに、謝罪なり、抗議なり、自分の所存を披瀝したことがなく、そうかと言って、強情に押し黙る、消極的ながらの反抗を示すでもない周三郎の、『暖簾と腕押し』あるいは『糠《ぬか》に鎹《かすがい》、豆腐に釘』式な、一種独特の『隠れ蓑』に、さんざ業を煮やさせられた」とある。

見出し語の形の使用例は他になく、いつしか消え忘れられていったと推測される。そもそも腕押しというのは現代の腕相撲のことだから、暖簾「に」では用法の上では不適切。「と」であればしっくり納まるのだが……。

獅子の兎を捕るやその全力を用いる

小さなことにも油断せず全力をもって対処することの譬え。「獅子は兎を撃つに全力を用う」などともいう。もっとも自然界では強者が獲物である弱者に対してあなどったり、油断したりすることはないのだそうだ。なによりも、ライオンと兎の走る速さに大きな違いがない上、ライオンは短距離しかスピードを保持できないから、実際に兎を捕ることは容易なことではない。言い回し自体は似たものが鎌倉時代の日蓮『報恩抄』に「獅子王の兎を伏すがごとく」とあったり、謡曲『石橋』に「獅子は小虫を食はんとても、先ず勢ひをなす」とあったり、江戸期のことわざ集『諺苑』には「獅子王狐を捕に虎の勢いを以てす」とある。見出し語は明治十四年『東洋自由新聞』九号に中江兆民が「或るひとの曰く獅子の兎を捕るや亦其全力を用ゆ、中略、大事を成す者は小事も亦謹む」と用いられている。明治時代まではよく用いられていたが、その後はほとんど見られなくなった。

芥溜《はきだめ》に水仙

ごみ溜めみたいな不要なものが捨てられる場所に飛び抜けて優れた人物や飛び切りの美人が現れることの譬え。良く知られる「掃き溜めに鶴」と同じ意味のもの。鶴の方は江戸時代から現代まで盛んにつかわれることわざの一つで、汚いごみ溜めに鶴が舞い降りたということからいわれる。それに対して見出し語は泉鏡花《いずみきょうか》『歌行燈』（十四）に「で、地獄の手《て》曳《ひき》め、急に衣《え》紋《もん》繕《つくろ》ひをして下りる。少時《しばらく》して上つて来た年紀《とし》の少《わか》い十六七が、…こりや何《ど》うした、よく言ふ口だが芥溜に水仙です、鶴です。帯も襟も唐縮緬《とうちりめん》ぢやあるが、もみぢのやうに美しい」とできている。見出し語の水仙の言い回しは、以降には伝わらず鏡花のこの作品に限られている。前から伝わる言い回しであったのか、それとも鏡花が考え付いたものなのかは不明だ。現代のことわざ辞典の類にも項目として挙げている例はみられない。

海へもつかず河へもつかず

中途半端なことの譬え。世の中にはどちらともつかないことや中途半端なことが多いのだろう。それを反映するのか、似たことわざが少なくない。もっとも知られるのは「帯に短し襷に長し」だろうか。布地が関係するものでは「褌には短し手拭には長し」もある。こうした長さに関わるものでは他に抽象的な「尺は長く寸は短し」というのもある。これが草木になると「木にもつかず草にもつかず」となり、人間では「次郎でにも太郎にも足りぬ」といっている。海に関連するものでは「沖にもつかず磯にも離る」「波にも磯にも着かず」といっている。見出し語は二葉亭四迷『浮雲』（第三回）に「アヽ偶々咲懸ッた恋の蕾も、事情といふ思はぬ沍《いて》にかじけて、可笑しくも葛藤《もつ》れた縁の糸のすぢりもぢつた間柄。海へも附かず、河へも附かぬ中ぶらりん」とある。しかしながら、浮雲以降には見出すことはできていない。もちろん、ことわざ辞典にも見当たらない。

鰻を割《さ》くに鯨の刀を用いる

ものの使い方が適切ではないことの譬え。道具などに限らず人を使う場合にもいう。巨大な鯨を解体する大きな庖丁《ほうちょう》でぬるぬるした細長い鰻をさばくことから。鯨刀は柄《つか》の部分をいれれば人間と同じくらいの長さがあるので、それでもって鰻をさばくことは不可能にちかい。同義で有名なことわざが「鶏を割くになんぞ牛刀を用いん」。こちらは『論語』にあるもので日本でも鎌倉時代から知られ使いつづけられた。これに対して見出し語は江戸時代の洒落本作家として有名な山東京伝の『戯作四書京伝予誌』（序）だけで見られるもので鶏版のもじりといえるものなのだ。同書には「痴呆《うんつく》組の侠々徒《きゃんきゃんでやい》は、馴染の文ほど難有《ありがた》からず。妄作《しゃれぼん》ほどは手に不触《ふれず》。固《まこと》や小人にして大道を学《まなばん》は、鰻を割《さく》に鯨の刀を用《もちゆ》が如く。是等には難《かた》からん」とでてくる。

雪という字も墨で書く

一見すると矛盾しているかに思えるものであっても整合性はあるということの譬え。同義でよく似た言い回しが雪を白にした表現の都々逸《どどいつ》で「白だ黒だと喧嘩はおよし、白という字も墨で書く」というもの。端唄《はうた》『鷺を烏』に「鷺を烏といふたが無理か。葵の花が赤く咲く。一羽の鳥を鶏と。雪と云ふ字も墨で書く」とあり、アオイものがアカク、イチワがニワ、シロがクロだとする字面上の矛盾をまるで言葉遊びのように面白く表現している。なお、見出し語はことわざ辞典には載っていない珍しい言い回しのものだが、ことわざ図像になったものが二点ある。どちらも江戸系でも上方系でもない新案系統に属するいろはカルタにある。

正宗《まさむね》の刀で料理する

対応や処置が不適切なことの譬え。名刀の正宗を料理庖丁として用いることからいう。「正宗が使われていることわざは、「狂人に正宗」「大根を正宗で切る」「正宗で薪割り」「正宗の刀も持ち手による」「正宗も焼き落つれば釘の価」などがある。さらに戦前昭和期の新案系のいろはカルタ『昭和教訓カルタ』だけにみられる「正宗も研がねば斬れぬ」との句もある。見出し語は江戸時代の心学『心学道之話』（初篇）に「大切な天命のからだを、遣ふべき孝弟忠信の道には遣はずして、遣ひ勝手を取り違へ、我身勝手身贔屓の為に遣ふゆへ、どふやら底気味が悪ふて心恥かしい、その筈じや、みな正宗の刀で、料理するやうなものじやからじや」とでてくる。ここの類義のことわざには「烏、鵜に使う（烏に魚を取らせる）」「蚊をして山を負わす（過大なことを課す）」があり、同義のものになると「盗人に鍵を預ける」「盗人に金の番」「猫に鰹の番」といったものが挙げられる。

猫を追うより魚

些末《さまつ》なことは置いておき根本を正すべきだということの譬え。「猫を追うより皿を引け」も同義のもの。皿に魚を載せたままにして近寄ってくる猫をいちいち追い払ってもらちはあかないが、魚を片付けてしまえばいっぺんに問題は片付く。江戸時代から明治期までは比較的用いられていたことわざだが、戦後は見られなくなっている。見出し語にはカルタの絵が一点ある。明治四十三年に新聞の販売促進のために考案されたもので有名な日本画家・結城素明（東山魁夷の師）が四十八枚の絵札を一人で描いている。このカルタの一番の特徴は、じつは字札にある。当時の一流人たちが直筆で書いているのだ。例示してみると、内田良平《うちだりょうへい》（右翼運動家）・海老名弾正《えびなだんじょう》（キリスト教牧師・同志社大学総長）・大倉《おおくら》喜八郎《きはちろう》（大倉財閥の創始者）・尾崎行雄（政治家・憲政の神と称される）・黒田清輝《くろだせいき》（西洋画家）・後藤新平（政治家・満鉄総裁・東京市長など）・渋沢栄一（実業家、財界の大御所）・新渡戸稲造（思想家・後に五千円札の肖像になる）・鳩山和夫《はとやまかずお》（政治家・首相鳩山一《いち》郎《ろう》の父）・牧野伸顕《まきののぶあき》（政治家・二二六事件で襲撃される）などだ。図の字札は講道館《こうどうかん》を創設した柔道家・嘉納治五郎によるもの。

すりこ木は後へ年をとる

多数の一般のものとは異なるものがあるということの譬え。樹木は成長するに伴い伸びるが、すりこ木は反対に短くなることからいう。「すりこ木の年は後へよる」ともいう。明治時代の辞典には載っているものの実際に使われた形跡は明らかではない。その意味でも珍しいことわざの一つ。文例はみられないものの、明治時代のいろはカルタの一種にある。五十枚組（通常は四十八枚組）の大変珍しいもので、「い」と「ろ」にはそれぞれ二組の語句（犬も歩けば棒に当たる・犬も朋輩鷹も朋輩・論より証拠・論語読みの論語知ら

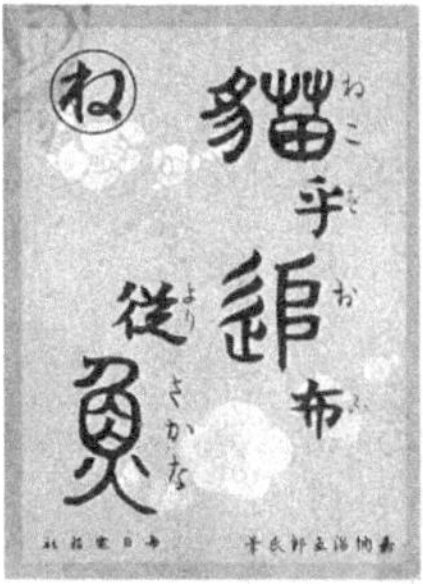

ず）が収められている。江戸系でも上方系でもない新案系のもので、他のカルタにはない珍しいことわざがみられる。例えば、「はだか馬は転ばない」「猪の子をだいて臭きをしらぬ」「こじゅうとは鬼千匹にむかう」「当てごとと越中褌は向こうから外れる」「きのこ採った山は忘れぬ」「京の女郎に東《あずま》の男」などが入っている。

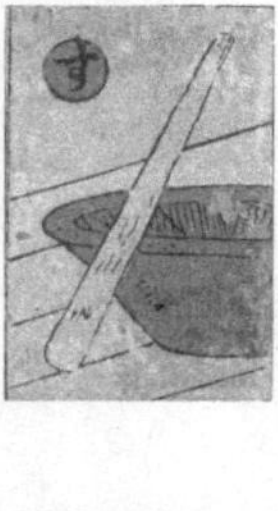

壁に馬を乗りかける

むやみに急ぎ無理することの譬え。また、予期できない困難にぶつかり狼狽《うろた》えることの譬え。馬に乗ったまま高い壁を乗り越えようとすることからいう。「壁に馬」とする省略した言い方もされる。江戸中期からよく見られることわざだが、明治期以降はほとんど見られなくなったことわざの一つ。また、この語句の特長のひとつが、江戸時代から絵にされた作品がいくつもあることが挙げられる。図はそのなかの一つで江戸後期の絵師・鍬形《くわがた》蕙斎《けいさい》による絵本『蕙斎略画』（幕末）の一部。鍬形蕙斎ははじめ北尾《きたお》政美《まさよし》を名乗る浮世絵師として活躍し、のちに鳥瞰図《ちょうかんず》『江戸一目図屏風』絵巻『近世職人尽絵巻』などの大作もてがける一方で独特の略画で高い評判を得た人物。「北斎嫌いの蕙斎好き」とのことばがあるくらいの強い支持があった。有名な北斎漫画は蕙斎の略画の後追いとの見方もある程だ。なお、蕙斎には百五十ものことわざを絵にした絵本作品『諺画苑』という略画集があり、ここの図はその簡略版となるものによっている。ちなみに、『諺画苑』は戦前までに出されたことわざの図集では最大数量の作品だ。

燈明の火で尻をあぶる

回りくどく一向に効果があがらないことの譬え。また、方法が間違っていることの譬え。「燈明で尻あぶる」ともいう。灯《あか》りをとる燈明で暖を取ろうとすることからいう。同義でもっとスケールが大きいものが「月夜に背中あぶる」で、月の光を暖房代わりにするというものもある。見出し語は江戸時代にはよく使われたことわざの一つであったが、明治時代以降はまったく使われなくなった。もっとも、中型以上の辞典には収録はされているが……。図は現代マンガの祖と評される滑稽感が漂う鳥羽絵のひとつ『軽筆鳥羽車』（一七二〇年）にあるもの。ふんどしもしていない男が尻を丸出しにして小さな火にあたっている姿だ。同書には約四〇近くのことわざの絵が収載されており、まとまった形のことわざ図集としては日本で最も古いものとみられる。

比丘尼《びくに》に櫛を出せ

無理難題をせまることの譬え。比丘尼は出家し仏門にはいった女。剃髪《ていはつ》していて髪はないので櫛は不要。そんな髪のない人物に櫛をだせと要求することからいう。酷似した言い回しのものに「比丘尼に髭だせ」とあるのは当然にしても、「比丘尼にまら（男根）だせ」「比丘尼にしじ（陰茎）だせ」「比丘尼に陰嚢《ふぐり》（睾丸《こうがん》）」といった類もあった。なんとも突飛な言い回しと思われるかもしれないが、むしろ、これがことわざのことわざたる所以《ゆえん》だと云うべきだろう。奇妙奇天烈。奇想天外はことわざが最も得意とするところだからだ。図は一九一〇年に発行された『JAPANESE PROVERBS AND PICTURES』（フレデリック・スタール編　戸田桃泉画）にあるひとつ。なお、同著はことわざをローマ字で書き、対訳を英文で表している珍しい一冊で、絵が鮮やかなカラー刷りとなっている美本だ。

Bikuni ni Kushi wo dase to iu.
To ask the loan of a comb from a nun.
Her head is shaved, so she has no comb.

山の神におこぜ

好きなものを目にし、歓喜することの譬え。また、ちらっと見せてすぐに隠してしまうこと。山を守り支配する神が好物をみて喜ぶ様子からいうもの。「山の神におこぜ見する如し」ともいう。おこぜは体長二十センチ程の近海魚で押しつぶされた鬼のような不細工な顔をしているが大変美味な高級魚。名前の意味は鬼のように醜い魚との意。ここの言葉がなぜこのような意味であるのか、それには理由があるそうだ。猟師が山の神に獲物が獲《と》れるようにと祈る際、その幸が授かったら好物のおこぜを見せるといいながら、実際には紙に包んで見せないという風習があったことによるのだそうだ。室町時代の御伽《おとぎ》草子『をこぜ』の末尾に「世の中の人言ふことに、あながちに（むやみに）ものを見て喜ぶをば『山の神にをこぜ見せたるやうなり』とぞ申し伝へたる」とある。この語句には絵の作品が二点ある。そのうち江戸期のものは浮世絵師・奥村政信《おくむらまさのぶ》かと伝えられるもので文字絵となったもの。山の神と見られる人物の足元におこぜがおり、山の神が大きな眼で見つめている。この山の神の衣裳《いしょう》が「山のかみにをこぜ」の文字で形どられ文字絵となっているユニークなものだ。

第七章　粋な洒落ことば

聞いて楽しく、口にしても楽しいことば遊びの語句をあつめた。

「駄洒落《だじゃれ》」と言ってしまえばそれまでだが、言葉の中に日本の和のテイストが感じられる心地よいものばかりである。

だから、ことわざとしての「深遠な意味」があるのかは、正直に言ってわからない。

ここで大切なのは、意味ではなく、思わず口にするのに調子がいい言葉であることだ。

皮肉を言いたい時、喧嘩《けんか》口上でまくし立てたい時、あるいは人をたしなめたい時に、洒落ことばで言うとなんだか気持ちがいい。そんな力を持った言葉の数々である。

これはもう、とにかく見て、口にだして、堪能《たんのう》していただきたい。

花の下より鼻の下

耳で聞いただけでは何のことだかわからない。何しろ「はな」という音を漢字で表すものには、花、鼻、洟、華、端、塙などがある。「した」の音では、下と舌くらいだから、紛らわしいのは「はな」が原因。音ではなぞなぞのような句も、漢字で表せば違いは一目瞭然《りょうぜん》だ。

それでも「はなの下」は何を指すのか不分明。単なる「花」といえば、草花の花が第一に思い浮かぶが、花の下とあるので丈の低い草花は外れる。草花に次ぐのは桜だろう。桜の花が最高とする「花は桜木、人は武士」という句があるように、日本人にとって花といえば桜となるのが一般的だろう。それ故に、ここは桜の花の下、つまり花見となるわけだ。

鼻の下の方はどうか。ちょっと考えれば、ここは口となろう。花見より飲み食いにいそしむ同義の「花より団子」を二つの同音語句を比較して言い表したことわざだとわかる。

それにしても、日本語の特色である同音異義語を巧みに利用した心憎いばかりの句だと感心させられる。

二《に》八月《はちがつ》荒れ右衛門

ことわざは言葉の技だとの見方がある。その根拠として種々様々な技巧があることがあげられる。比喩《ひゆ》や誇張、あるいは反復などによるリズム感などがそれだ。そうした技法の中でかなり毛色が変わっているのが、ことわざの人名化というもの。これは、ことわざが人の名前のようになっているものを指している。

何万もあることとわざ全体の中で占める割合はごく僅《わず》かに過ぎないが、受け手の印象は強い。現代でも、平気なことをいう「平気の平左衛門」や、知っているのに知らないふりをするを「知らぬ顔の半兵衛」、わかった承知したとの「合点承知之助」、極度に痩《や》せている人をいう「骨皮筋衛門《ほねかわすじえもん》」などは、割と使われているし、言葉として生きている。

見出しの句は、二月と八月の天気が荒れ模様になることを擬人化したものだが、意味を知らないと何のことか見当もつかない。このような見当もつかないことわざには、「木七《きしち》竹八塀十郎《たけはちへいじゅうろう》」という、木や竹の植え時、塀の塗り時をいう珍しいものもある。

どうで有馬の水天宮

この句は歌舞伎脚本『小袖曾我薊色縫《こそでそがあざみのいろぬい》』（二番目三立目）に「（鵜森）時に石神氏、此《この》梅を見ながら一盃《いっぱい》とはどふでござるな。（石神）それは結構《けっこう》望む所。結構それへお渡し申《もうす》とは、どふで有馬の水天宮かな」とある。意味するところは、「どうでありますす」との言葉に「有馬の水天宮」を掛けた洒落。ここの有馬の水天宮とは、九州の久留米《くるめ》藩（摂津《せっつ》有馬氏が藩主）が江戸藩邸内に郷里の水天宮（全国の水天宮の総本宮）を祀《まつ》ったもの。この有馬の水天宮にはいくつもの類句がある。「そうで有馬の水天宮」といえば、そうでありますかとの洒落となるし、「情け有馬の水天宮」であれば、「情けあり」を掛けた言葉となるというものだ。

ところで、有馬の地名がよくでてくることわざが別にある。「どうで有馬の大入道《おおにゅうどう》」という句で、「どうであります」を有馬に掛け、さらに大入道を温泉の入湯《にゅうとう》に掛けたものだ。一つの句の中で二つの語を掛ける念の入った珍しいもの。なお、温泉の方の有馬は神戸《こうべ》の有馬温泉のことだから、うっかりすると混用してしまう恐れがある。

焼けの勘八《かんぱち》、日焼けの茄子《なすび》

思い通りにならず、なげやりな態度にでたり行動にはしること。「焼けのやん八《ぱち》」と人名のようにした同義の言い回しもある。見出し後半の「日焼け」は前半の「焼け」に音を重ねることによって強調し、語調を整えるためのもの。前半は江戸期からみえるが、後半を含むと用例は若くなる。浪花《なにわ》の無頼派・織田作之助《おださくのすけ》の『わが町』(9)に「倖がなくては商売が出来ず、まる二日は魂が抜けたようになって、あちこち探しまわったり、『ああ、もう焼糞や。焼の勘八、日焼けの茄子や』と言いながら、畳の上に仰けてなってごろんごろんしていた」と用いられている。

蟻が鯛なら芋虫や鯨

「蟻が鯛」を平仮名にすれば「ありがたい」となり、ありがとうの感謝の意になる。相手からのお礼に対する照れ隠しの言い回しになるもので、「蟻が鯛」であるならば、芋虫の場合は鯨に相当すると混ぜ返して洒落表現としている。日本語によくある同音や類音を利用したことば遊びの一つでもある。見出しの句は、その中でもっとも知られる語句で各地に異形がある。「蟻が鯛なら蚯蚓《みみず》は鰯《いわし》」が能登《のと》地方、「蟻が鯛なら芋虫ゃ鯨、百足《むかで》汽車なら蝿が鳥」は長野地方、「蟻が十なら蚯蚓が二十、蛇が二十五で嫁に行く」が神奈川地方など。

あかん弁慶その手は義経《よしつね》

いかんよ、そんな手はよしな、との意の洒落ことば。「よしな」という禁止の言葉を類似した音の「義経」に掛け、さらに義経と関係が深い弁慶を添えているもの。江戸時代の人情本『娘消息』（二編上の巻）にみることができる。弁慶はことわざで人気者だ。義経をかばって敵の矢面に立って死んだとの伝説から、進退きわまりどうにもならないことをいう「弁慶の立ち往生」など名前が出るものの数が多い。一方の義経は少ない上に知名度が低い。身軽に飛び回ることをいう「義経の八艘飛《はっそうと》び」がもっとも知られたものだろう。

似た語呂《ごろ》で内容が異なる譬《たと》えの「義経と向こう脛」というのもある。

情けの酒より酒屋の酒

言葉だけの同情よりも実質的な心遣いの方がありがたいということ。「情《なさ》け」という語にある言葉のサケよりも、酒屋で売られる本物の酒をもらった方がうれしいのだというもの。「情け」の中のサケと酒の字のものが三つと合計四つの「サケ」の音を繰り返して強い印象を生む句に仕上げられている。こうした同じ音や類似した音を繰り返す表現方法を筆者は「同音反復法」と名付けている。なお、この句と同様の意味合いとなる句には、「思《おぼ》し召《め》しより米の飯」「お心持より樽の酒」などがある。

出雲《いずも》の神より恵比寿《えびす》の紙

出雲の神とは出雲大社の神を指し、縁結びで知られる。恵比寿の紙は福の神の一人である恵比寿の像が印刷されている明治時代の紙幣のこと。意味は男女の結婚は出雲の神様による縁を結ぶ力より、金の力の方が強いということ。また、色恋より金が大事だということ。金に斜交《はすか》いに構える人間には、何とも味気ないというか、興醒《きょうざ》めというか、嘆かわしいと非難がましい言葉が口からでかかりそうになろう。が、現実は現実。金の力に支配されている世の中であれば、結婚も例外というわけにはいかないのが、それこそ現実なのだ。

嘘と坊主の頭はゆったことがない

ウソはついたことはないということを面白可笑《おか》しく表現した句。「ゆった」の部分にウソを「言《ゆ》う」と髪を「結《ゆ》う」の似た音を掛けている。単に、ウソは言ったことはありません、といったところで相手の耳には届くまい。人間にウソはつきもので、大なり小なりウソを全然つかない人はそうはいないはず。もっとも、僧侶《そうりょ》といえども有髪者も少なくない現代では、坊主でも何がしかの髪が結えることになる。その点では、ここの句はウソをついていることになるのだが……。もちろん、これはご愛嬌《あいきょう》。

一人娘と春の日はくれそうでくれぬ

猥歌《わいか》『よさほい節』には「一人娘とやる時は親の許しを得にゃならぬ」との一節がある。この歌にあるように親にとって一人娘は、それこそ「目に入れても痛くない」ような存在であり、箱入り娘となりやすい。そんなことから、娘を嫁にくれるとの話でも、なかなか実行に移されないというのがここの句。一方、春は日ごとに陽がのびて日暮れが遅《く》なる。見出しの句は、春の日がなかなか暮れないことを、暮れそうで暮れぬとし、娘を呉れそうで呉れぬということに二つの「くれる」を掛けたものということになる。

貧乏稲荷《いなり》で鳥居がない

「けちな稲荷で鳥居がない」「焼けた稲荷で鳥居がない」ともいう。貧乏なお稲荷様で本来あるべき鳥居がないというもの。この「鳥居」に「取り柄」を掛けて、何の取り柄もないということをいう洒落ことば。商売繁盛や農業の神様として知られるお稲荷様には狐と朱の鳥居がつきもの。特に朱の鳥居は千本鳥居といわれるほどに多数の鳥居があり、朱のトンネルになっている。こうした鳥居は信仰する人々が奉納したものなので、もし、鳥居がないとなれば、その稲荷はご利益として商売繁盛を謳《うた》う手前、まことに不都合となる。

うどん蕎麦《そば》よりかかの傍《そば》

美味《おい》しいウドンやソバを食べるより女房の傍にいる方がいいという句。蕎麦《そば》と傍《そば》が語呂合わせになっている。この句を夫から言われた妻は、ウドンやソバと比べられて心外に思うであろうか。それとも、心優しい気遣いだと感じるものであろうか。この句は明治時代の文献で確認できる句なので、亭主関白が普通であった時代にあっては特異なことわざにみえる。ただし、妻を「かかあ」といっていることから庶民に使われたことわざと推察できる。いつの時代も貧しき者は助け合いながら生活していた様子が窺《うかが》えてほのぼのとする句といえよう。

かたじけ茄子《なすび》の奈良漬

「かたじけない」ということの洒落ことば。かたじけ「ない」と茄子を掛けた言い回しに、さらに語調を整えるべく奈良漬と続けたもの。奈良漬は瓜《うり》や茄子を粕《かす》漬けにしたもので、「かたじけ茄子」ときたので、それを受けて奈良漬となったという次第。江戸中期の浄瑠璃《じょうるり》『忠臣伊呂波実記《いろはじつき》』（第十）には「寧《いっそ》の事彼女郎《かのめら》も連れて長屋で呑掛山《のみかけやま》の寒鴉《かんがらす》。ア、忝《かたじけ》茄子《なすび》の奈良漬と。呑《のま》ぬ先からエイ嗟《さつ》さ」とあって、酒を飲み掛けるという洒落言葉に続けた句として用いられている。なお、奈良漬ではなく「鴫《しぎ》焼き」の形もあった。

下手な大工でのみ潰し

「のみ潰し」に、酒を飲み過ぎて財産をなくす意の「飲み潰す」と、大工道具の鑿《のみ》を駄目にする意の「鑿潰し」が掛けられた洒落言葉。意味は、仕事もしないで浴びるように酒ばかり飲んで身の破滅を招くこと。「のみ」という言葉にもいくつかの意味があり、人や動物の皮膚に取り付く蚤《のみ》もある。もし、ここが蚤であればどうだろう。腕の悪い鍛冶《かじ》屋職人でもたまには名剣を作るという「下手な鍛冶屋も一度は名剣」という句もあるように、下手な大工がたまたま極小の的である蚤をつぶす離れ業をやってのけることになるものだ。

幽霊の手討ちでしがいがない

意味は物事のやりがいがないということ。これを「仕甲斐がない」と言い表し、「死骸が無い」に掛けている。手討ちは手で打ち殺すことだから、人を手討ちにすれば死骸がでる。が、物体ではない幽霊を手討ちにしても死体とはならないから、死骸がないということになる。同音異義語をたいへん巧みに使った語句であるといっただけでは済まない。それ以上に着想の斬新《ざんしん》さが際立っているといえよう。アシのない幽霊をテ討ちにするというだけでも十分に面白いが、その上、手討ちのシガイガナイのだから腹をかかえる。

剃刀《かみそり》の褌《ふんどし》で尻《しり》切っている

何とも恐ろしい話ではないだろうか。カミソリでできているフンドシを締めているというのだから。ちょっと触るだけで切れてしまうカミソリで体の大事な箇所を覆い包むというのだから、マゾかシュールともいえる。いうまでもなく、これは現実にはないことわざの世界での話だ。すっかり知っているという意となる「知り切っている」とフンドシで「尻切っている」を掛けた洒落言葉。現代でいえば、あたかもワープロ機能で漢字変換しているようなものだ。こんなものが百年以上も前にあったのだから可笑しい。

だんだん良く鳴る法華の太鼓

物事がだんだんいい状態になることをいう譬え。「良く鳴る」を太鼓がよく鳴ると、物事がよく成るという二つのことに掛けている洒落ことば。法華の太鼓とは、日蓮宗の門徒が南無妙法蓮華経と唱えながら打ち鳴らす太鼓をいう。この太鼓は丸い団扇《うちわ》状の形をしていることから団扇太鼓とも呼ばれるもので、片手に持って打つことができる。法華の団扇の音は筆者が生まれ育った千葉県の南部で小学生のころに聞いていた。日蓮上人の生誕地が千葉県南部のせいか僧徒たちが街中を行進して打ち鳴らす太鼓の不気味な迫力に気おされた覚えがある。

吊《つ》るし柿でへたに固まる

物事が上達することなく、下手な状態のままで進歩がないことをいう洒落。柿の蔕《へた》と下手が掛けられている。吊るし柿は、渋柿を天日に干して作るが、柿の蔕に繋《つな》がる枝を小さく切ってそれに紐《ひも》をくくり付けてぶら下げる。「へたに固まる」とは、柿の場合では干し過ぎると実が硬くなることから、それは下手な干し方ということになるというもの。こんな言い回しで、物事の進歩がないことが批評されれば、言われる方も思わず苦笑いしてしまうユーモア感があろう。もっとも、それとてことわざの意を解していればの話で、なんにも知らなければ反応もできず、固まってしまうかも知れない。

仏ほっとけ神かまうな

神仏に対して過大な期待などはしない方がよいということ。ここのことわざの面白さは、文字で読まずに音で聞くことだ。それを、ここでやってみると、こうなる。ホトケ、ホットケ、カミ、カまうな。語句の全体が語呂合わせになっている秀逸なことわざなのだ。この句の意味に近いものに「触らぬ神に祟《たた》りなし」がある。こちらが神との関係が間接的であるのに対して、見出しの句は直接的で、より明確な姿勢を示しているといえる。どちらにせよ、日本人の神仏観の一端が窺われるもので大変に興味深い。

良く結《ゆ》えば悪くいわれる後家の髪

「髪は女の命」とも言われるくらいに女性にとって大切なもの。また、「髪の結いたては親でも惚れる」といい、結い上げられたばかりの日本髪の美しさには身内でさえ惚れ惚《ぼ》れするという。そのような大事で目に付く髪をきれいに結い、褒められていいはずが反対に不品行と悪くいわれるというのが後家の髪だというもの。意味合いは、人を褒めて逆に誤解されてしまう割の悪い立場になることの譬え。「結う」と「言う」の類音を掛け、それを「良い」と「悪い」の反意語に繋げたなかなか高度な技巧が窺える句に仕上がっている。

北が無ければ日本三角

何かの本でこの言葉をみて、一体これはどういうことをいう言葉だろうかと想像してみた。そこで思いついたのが地図で思い描いてみることだった。古い地図の上からでは、北の地域が消えてしまえば、たしかに日本は三角形にみえなくはないのだった。情景描写としては当たらずといえども遠からずかも知れないが、意味は不明なまま。そのうち、意味を知った。何と、潔癖症の人が何でも「汚い」というのを「北無い」に掛けてからかう言葉だったのだ。日本語の同音異義語の特色が存分に活《い》かされた地口であり、楽しいことば遊びでもある。

あとがき

本書をお読み下さりありがとうございます。

ご感想は如何《いかが》でしょうか。たぶん、こんなことわざがあったんだ！　とビックリされたり、これって本当にことわざなの？　と疑念を抱かれたりしたことでしょう。

何ぶんにも、見出しの句にした約二百のことわざの半分以上は大きなことわざ辞典にも載っていないからです。私がことわざの用例を拾うために読んだ文献から抜きだした語句が多いのですが、現在出回る一般的なことわざ辞典には用いられていません。とはいえ、各々のことわざは、その当時はれっきとしたことわざだったといえるものです。ただし、もう少し厳密にいえば中には既存のことわざの「改作」か「新作」とみられる語句もあるということですが……。

ことわざに新作なんてあるのか、と訝《いぶか》しく思われるかも知れませんが、どんなことわざでも最初は誰かが言い出したものなのです。それが、人から人へと伝わり、広まり、人口に膾炙《かいしゃ》したものになると考えられます。

本書は、そうした新作とみられるものの中からも面白い句に照準をあわせて選んでいます。そこに陽の光があたり、ことわざへと発展するようにと念じながら……。

他方、どこかでみたように思うことわざもあったことでしょう。これはことわざの歴史に関係します。ことわざの多くは長い間、同じ姿で生き続けるわけではありません。使われなくなって消えてしまったり、似た言い回しのものを生んだり、反対の意味のものが生じたりと変化します。さらには、一度死滅したかにみえたものが復活することもあります。

本書で例をみてみましょう。「鰯の頭も仏になる」には「鰯の頭も信心から」、「逃げた猪の大を誇る」には「逃がした魚は大きい」が連想されるでしょう。「過ぎた事いえば鬼も笑う」に対しては「来年のことをいうと鬼が笑う」、虚勢を張る意味の「虎の皮をきる羊」には「羊の皮を被った狼」という反対の意のことわざが思い浮かぶからです。

つまり、一つ一つのことわざは、長い歴史という道を永遠に変わらずに進むものではないということです。むしろ、輪廻《りんね》転生のごとく生死を流転するかのようだといえましょうか。

以上、挙げたことわざ達は、いわば生命体として歴史の襞《ひだ》に潜んだ眠れることわざといえるものです。予期せず、たまたま私の目にとまった彼らですが、是非とも眠りから覚め、新しい道を歩みだしてもらいたいと願っています。

文庫版あとがき

新書版で出したものを文庫版にする話を聞いた時は、正直なところそれ程乗り気ではなかった。というのも、同じ内容のものを別の版にしただけで読者に提供することに抵抗があったからだ。しかし、単に形が新書から文庫へ変わるのではなく、辞典風な見せ方にしたり、増補もしたりするものに変えるなどの話を聞き、前向きになった。

新書版では一項目を一ページのなかに収めなくてはならない制約があったため、特に図が有効に使えない憾《うら》みがあった。ところが、ことわざは視覚化し易いのか、古くから絵画・絵本・いろはカルタなどの平面作品はもとより、刀の鍔《つば》・印籠《いんろう》・根付などの立体物や染織物、焼物、彫り物など広範なジャンルでさまざまな物に活用されてきた歴史がある。また、いろはカルタに代表されることわざの視覚化作品こそ日本のことわざの顕著な特長だと見ていたので、文庫版では本書の趣旨に沿ってできるだけ視覚化作品を活《い》かして掲示する方針に改めた。

また、膨大な文献に何万もある多くのことわざが残されており、大勢の著名人が作品に用いてきている。新書版でも多くの有名人をとりあげたが、増補に際して、新たに宗教・

武道・思想関係の一休禅師・内村鑑三・嘉納治五郎・大杉栄から、文学者の山東京伝・島崎藤村・泉鏡花・里見弴・佐藤春夫などを取り上げた。

増補した項目数は三十と少ないが、筆者の手元にプールしてある本書の趣旨に沿う対象となることとわざは数千に上るので選定のために明確な基準を設定した。その一つは図像が関連した語句とその絵に目を向けた点がある。これによって筆者の著作での紹介はあるものの一般には知られていないいろはカルタや日本の代表的なことわざ絵の作品などを紹介できることになった。もう一つは、新書版で取り上げた人物は原則として外し、それまでなかった人物のものを新たに取り上げた点だ。この二点によって、ことわざの視覚的な面白さと、より多くの著名人とのことわざの関わりが明示できるようになったと考えている。

文庫版は視覚化作品の補充と増補によって数量が増した以上に内容が豊富になったように感じている。視覚化作品を取り込むことで、ことばの領域に留《とど》まらずに、見て楽しめることわざの世界の一端が紹介できたかと思っている。

ことわざ索引

【あ】

【か】

【な】

【は】

人名・文献・希少事項索引

【あ】

【か】

元政上人（江戸前期の日蓮宗の僧）……35
源平盛衰記（中世の軍記物語）……36・136・201
幸田露伴（小説家）……127・214
強盗……132
氷砂糖……218
こき出し……118
後家の髪……250
腰巻……211
小杉天外（明治・大正時代の小説家）……114
滑稽本……20・38・61・134・142・178・208・215
殺す……158
今昔物語（平安時代の説話集）……32・37
金米糖……190

【さ】

斎藤緑雨（明治時代の文学者）……67・213
坂本龍馬（幕末の志士）……216
酒屋……242
沙石集（仏教説話集）……32
佐藤信淵（江戸時代の経済学者）……153
佐藤春夫（小説家）……45
里見弴（小説家）……41・220
山椒餅……44
三段なぞ……31・42・95・152
山東京山（戯作者）……202
山東京伝（戯作者）……195・223
史記（中国の史書）……90・141
式亭三馬（戯作者）……142・178・192・215
仕損……15
下口……103
実語教（鎌倉時代の児童教訓書）……51
十返舎一九（戯作者）……89・162・206
芝居者……42
島崎藤村（小説家）……138
洒落本……44・51・59・65・96・129・137・142・193・204・217
修身の教科書……101
酒呑童子……195

【た】

【な】

【は】

富士山……19・186
二葉亭四迷（明治時代の文学者）……190・222
船歌……144
平家物語（鎌倉時代の軍記物語）……32・136
弁慶……241
法語集……21
北条九代記……40
北条重時（鎌倉時代の武将）……22・91
北条早雲（戦国時代の武将）……86
坊主の頭……243
ホオズキ……180
法華の太鼓……248
ほっとけ……250

【ま】

正宗の刀……225
松尾芭蕉（江戸時代の俳人）……142
松平定信（江戸幕府老中）……70
松宮観山（江戸時代の思想家）……109
曼荼羅……20
万葉集（最古の歌集）……120
宮崎湖處子（明治時代の小説家）……16
明恵上人（鎌倉時代の僧）……55
民謡……98・212
目薬……76
桃の実……19
森鷗外（小説家）……157・191
茂林寺（群馬県にある寺）……207

【や】

柳沢淇園（江戸時代の文人画家）……128
山本常朝（江戸中期の鍋島藩藩士）……24
結城素明（明治〜昭和初期の日本画家）……28・93・226
雪と欲……69
湯山聯句鈔（室町時代の抄物）……161

謡曲……211・221
吉田松陰（幕末の志士）……11・74・125
読本……71・120・166・175

【ら】

狸……76
柳亭種彦（江戸時代の戯作者）……59
竜安寺（京都にある臨済宗の寺）……188
羚羊……122
蓮如上人（室町時代の僧）……91
老子（中国の古典）……51・52
論語（中国の古典）……46・86・223

【わ】

和歌集……110
山葵……209

本書は、角川SSC新書『辞書から消えたことわざ』（二〇一四年三月小社刊）を加筆修正し、文庫化したものです。

辞書《じしょ》から消《き》えたことわざ

時《とき》田《た》昌瑞《まさみず》

平成30年 2月25日　初版発行
令和7年 6月10日　8版発行

発行者●山下直久

発行●株式会社KADOKAWA
〒102-8177　東京都千代田区富士見2-13-3
電話　0570-002-301（ナビダイヤル）

角川文庫 20813

印刷所●株式会社KADOKAWA
製本所●株式会社KADOKAWA

表紙画●和田三造

ISBN978-4-04-400346-3　C0195

角川文庫発刊に際して

角川源義

第二次世界大戦の敗北は、軍事力の敗北であった以上に、私たちの若い文化力の敗退であった。私たちの文化が戦争に対して如何に無力であり、単なるあだ花に過ぎなかったかを、私たちは身を以て体験し痛感した。西洋近代文化の摂取にとって、明治以後八十年の歳月は決して短かすぎたとは言えない。にもかかわらず、近代文化の伝統を確立し、自由な批判と柔軟な良識に富む文化層として自らを形成することに私たちは失敗して来た。そしてこれは、各層への文化の普及滲透を任務とする出版人の責任でもあった。

一九四五年以来、私たちは再び振出しに戻り、第一歩から踏み出すことを余儀なくされた。これは大きな不幸ではあるが、反面、これまでの混沌・未熟・歪曲の中にあった我が国の文化に秩序と確たる基礎を齎らすためには絶好の機会でもある。角川書店は、このような祖国の文化的危機にあたり、微力をも顧みず再建の礎石たるべき抱負と決意とをもって出発したが、ここに創立以来の念願を果すべく角川文庫を発刊する。これまで刊行されたあらゆる全集叢書文庫類の長所と短所とを検討し、古今東西の不朽の典籍を、良心的編集のもとに、廉価に、そして書架にふさわしい美本として、多くのひとびとに提供しようとする。しかし私たちは徒らに百科全書的な知識のジレッタントを作ることを目的とせず、あくまで祖国の文化に秩序と再建への道を示し、この文庫を角川書店の栄ある事業として、今後永久に継続発展せしめ、学芸と教養との殿堂として大成せんことを期したい。多くの読書子の愛情ある忠言と支持とによって、この希望と抱負とを完遂せしめられんことを願う。

一九四九年五月三日